晋升高级会计师，您有几成把握？

希望有意参加高级会计师考试和申报评审的会计人员，在您拿到此书的时候能够抽3～5分钟的时间认真阅读此内容，以便对自己在接下来的考评中有一个较好的提前规划，同时对于自己是否能够顺利地通过考试和评审最终成为一名高级会计师，有一个较为客观的自我评判。

通过高级会计师考试是迈向晋升高级会计师的第一步，60分为国家标准合格线，达到或高于此分数即可获得参评机会。但由于各省份在高级会计师评价条件和流程方面略有不同，所以每一位希望晋升高级会计师的会计人员有必要提前充分了解所在省份的相关政策。据公开资料显示：北京、浙江、江苏、安徽与山东等地最近四年评审通过比例为60%~70%左右。上海评审通过率为全国最低，仅为35%~40%。

结合上述及各方面的评审要求，准高级会计师们应当注意以下几点：

1. 关于专业技术理论水平

专业论文内容是否与本职工作相关，是否能体现本人的专业研究成果？

专业论文是否能通过查重检测？是否发表在高影响因子的财经期刊上？

2. 关于工作经历与业务能力

对照评价办法规定，衡量申报人是否符合评价条件的规定？

通常江浙沪地区申报人所在单位的规模、会计岗位的技术难度，以及申报人从事会计工作年限和担任的岗位职务等，与评审通过率存在较为明显的关联影响。

从实际评审结果来看，事业单位财务负责人或较大规模事业单位中重要会计岗位的申报人优势相对明显；对于企业会计人员而言，通常是所在单位规模越大、会计业务的技术难度越高、申报人担任的会计岗位职务越高，越有利于通过评审，如大中型国有企业、上市公司、制造企业等。

3. 关于专业技术工作业绩与成果

这是高级会计师评审中最为关键的内容，在评审赋分时占有极大的比重（比如浙江省此部分赋分高达60分），主要衡量申报人独立完成的专业工作成绩。注意：这部分内容需要申报人提交相关佐证材料加以自证。

在专业技术工作业绩的赋分方面，大中型国有企业、上市公司、制造企业等单位的会计人员有明显的优势；小微企业和事业单位由于企业存在机构规模小、业务相对单纯、会计工作技术难度小等特点，所以在赋分方面存在天然的劣势。但是，从评审实际结果看，也不尽然，比如经过对浙江和江苏两省近两年实际评审通过名单的分析，事业单位实际参评通过率并不低。以本机构为例，经过我们辅导后的事业单位申报人都顺利通过了评审。

针对上述情况，特别建议申报人，特别是小微企业（含中小型民营企业）和事业单位的申报人，尤其需要注重积累专业技术工作业绩。如果在这方面尚未积累到足够的程度，就贸然参加高级会计师的考试，那么在考试成绩3年有效期内仍无法顺利通过评审的可能性就大大增加。

故建议各位准高会人员在备考前期可扫码获得一对一免费专业评审分析，以高效方式成功晋升高级会计师！

扫码观看各地评审政策解析视频

扫码获取免费评审指导建议

2024 中财传媒版

年度全国会计专业技术资格考试辅导系列丛书 · 注定会赢®

高级会计实务
全真模拟试题

上海国家会计学院　组编

财政部中国财经出版传媒集团　组织编写

刘凤委　王纪平　余　坚　郑庆华　马荣贵　编著

中国财经出版传媒集团

经济科学出版社

·北京·

图书在版编目（CIP）数据

高级会计实务全真模拟试题/上海国家会计学院组
编；财政部中国财经出版传媒集团组织编写；刘凤委
等编著．－－北京：经济科学出版社，2023.12
（中财传媒版2024年度全国会计专业技术资格考试辅
导系列丛书．注定会赢）
ISBN 978 - 7 - 5218 - 5412 - 1

Ⅰ.①高⋯　Ⅱ.①上⋯②财⋯③刘⋯　Ⅲ.①会计实
务－资格考试－习题集　Ⅳ.①F233 - 44

中国国家版本馆CIP数据核字（2023）第244722号

责任校对：易　超
责任印制：邱　天

高级会计实务全真模拟试题

GAOJI KUAIJI SHIWU QUANZHEN MONI SHITI

上海国家会计学院　组编
财政部中国财经出版传媒集团　组织编写
刘凤委　王纪平　余　坚　郑庆华　马荣贵　编著
经济科学出版社出版、发行　新华书店经销
社址：北京市海淀区阜成路甲28号　邮编：100142
总编部电话：010 - 88191217　发行部电话：010 - 88191522
天猫网店：经济科学出版社旗舰店
网址：http://jjkxcbs.tmall.com
固安华明印业有限公司印装
787×1092　16开　9印张　200000字
2023年12月第1版　2023年12月第1次印刷
ISBN 978 - 7 - 5218 - 5412 - 1　定价：38.00元
（图书出现印装问题，本社负责调换。电话：010 - 88191545）
（打击盗版举报热线：010 - 88191661，QQ：2242791300）

打造高级会计实务考试最佳配套读物

——编者的话

对绝大部分考生来说，要提高复习效率、提高通过考试的概率，选择适合自己的辅导课程、选择与教材配套的辅导读物十分必要。打造一本与教材配套，最有效率地利用考生的复习时间，最大程度提高复习效率的辅导读物，则是本书编写组的目标。

作为从 2005 年开始开展高级会计师考试辅导的机构，上海国家会计学院远程教育网在此前的 18 年，帮助数万考生通过考试，并在业内首创了答题技巧课程、论文写作与发表指导、职称评定指导等为考生所欢迎的项目，这些项目已经涵盖了高会考试、论文发表、职称评定资料撰写的方方面面。

2013 年，我们推出系列考试辅导书，包括：《高级会计实务辅导教材精讲与指南》及《高级会计实务全真模拟试题》。这两本书获得了广大考生的喜爱。2022 年，我们在之前年度的基础上，对这两本书进行了优化，改名为《高级会计实务过关一本通》及《高级会计实务全真模拟试题》，并增加一本口袋书《高级会计实务知识点速查手册》，希望能为考生顺利通过高级会计实务考试带来更大的帮助。

这三本书目标为：

- 帮助考生了解、掌握大纲和教材的重点考点；
- 提高考生应试能力及对会计有关问题的分析判断能力；
- 创新使用思维导图、复习便签等方式，帮助考生最大程度利用有限的复习时间。

就本书而言，我们作了如下贴合考生需求的创新：

如下创新基于我们此前连续 19 年出版高级会计师考试辅导读物的经验积累，基于我们对近千名考生的调查分析，基于与各位辅导名师的充分研讨。

1. 真题助力应试

在"高级会计专业技术资格考试中考生容易失分点分析"板块，给出了 2023 年试题，并对试题作出了点评，分析考生主要失分点，力图让考生通过试题，了解各章节的考题设计思路，并能举一反三，掌握做题方法。

2. 配套资源更丰富

本书编写组各位专家均是上海国家会计学院远程教育网高级会计师考前辅导教师，这有助于将本书的勘误、内容答疑的效率最优化，能更好地帮助考生理解知识点、强化应试能力、顺利通过考试。

打造教材最佳配套辅导书，我们要感谢各位优秀的老师的奉献！他们是马荣贵（失分点分析）、刘凤委（第一章、第四章）、郑庆华（第三章、第八章、第九章、第十章、第十一章）、王纪平（第二章、第五章）和余坚（第六章、第七章）。

封面处图书防伪标识码可以同时用于抵扣上海国家会计学院远程教育网高级会计师精品全程班网络辅导课程（sa. esnai. net）学费 100 元。

上海国家会计学院

2023 年 12 月

7 × 24 小时客服热线：400 - 900 - 5955

企业 QQ 咨询：4009005955

微信公众号：saesnai（或扫描左侧二维码）

目　录

2023 年度高级会计专业技术资格考试中考生容易失分点分析

一、案例分析题必答题（本类题共 7 题，共 80 分。凡要求计算的，可不列出计算过程；计算结果出现两位以上小数的，均四舍五入保留小数点后两位小数，百分比只保留百分号前两位小数。凡要求分析、说明理由的，必须有相应的文字阐述。请在指定答题区域内作答）

【案例分析题一】（10 分）

甲公司是一家大型国有投资公司，主要从事战略新兴产业股权投资业务，A 融资公司和 B 小额贷款公司是甲下属企业，主要为区域内中小企业提供金融服务。

2023 年初，甲公司组织召开战略发展工作会，发言如下：

（1）甲公司负责人：2022 年甲公司积极参与区域内重大项目投资，促进产业集群，为区域经济发展作出了重要贡献，截至 12 月甲公司合并口径资产总额 960 亿元，负债总额 268 亿元，所有者权益 692 亿元，2022 年营业收入 480 亿元，净利润 55 亿元。

（2）A 融资公司负责人：近 5 年，区域租赁市场发展迅速，A 公司业务持续高增长，2022 年本公司新增租赁合同额 59 亿元，区域市场占有率达 42%，市场份额和资产收益率显著高于同类企业，2023 年本公司将继续围绕区域内重点企业开展融资服务，充分发挥区域金融生态补充作用，着力进行产品创新，做强资产业务：①进一步拓展业务，在现有租赁服务的基础上，积极开展"租赁＋投资""租赁＋"全新金融服务业务，聚焦产品创新，为客户提供更多量身定制的融资租赁解决方案，支持业务增长，更好地服务实体经济。②着手建立现有业务的线上销售服务平台，通过"线上＋线下"营销，扩大区域产品市场份额。

（3）B 小额贷款公司负责人：一年前，甲公司出资 1 亿元成立 B 小额贷款公司，近 3 年受宏观经济影响，部分中小企业经营困难，导致本公司坏账规模增加，亏损日趋严重。根据甲公司调整投资布局，优化集团资源配置的战略部署，按照《B 小额贷款公司章程》，B 小额贷款公司将在本年度终止经营，现着手清算工作。

假定不考虑其他因素。

要求：

1. 根据资料（1），从企业战略目标体系的内部构成角度，指出甲公司高管"构建由业务增长、市场份额、盈利水平等三大指标组成的公司战略目标体系"举措是否恰当，并说明理由。

2. 根据资料（1），指出甲公司战略实施模式的类型；结合价值链分析，判断"抓好内部控制体系和管理信息系统建设"属于哪类价值创造活动及具体类型。

3. 根据资料（2），从整个集团业务角度，判断融资租赁业务板块在波士顿矩阵中所属的业务类型，并说明理由。

4. 根据资料（2），分别指出①和②属于的总体战略的具体类型，并说明理由。

5. 根据资料（3），指出 B 小额贷款公司的总体战略及具体类型。

本题主要失分点：

要求 1 中：

（1）直接描述六个战略目标体系的具体内容，不能得分。

（2）理由描述为"战略目标要有具体的数量特征和时间界限"，不能得分。

（3）理由描述为"甲公司的战略目标内容不全面，还应该包括职工发展目标和社会责任目标"。不能得分。

要求 2 中：

（1）个别考生判断错误战略实施模式和价值活动的类型而失分。

（2）个别考生陈述了理由说明，因试题没有说明理由的要求，考生回答了判断的理由，根据评分标准既不得分，也不扣分。

要求 4 中：

（1）类型描述为基本类型，不是具体类型（如①"属于成长型战略中密集型战略"），不能得分。

（2）①错误判断为"相关多元化战略"，判断错误，不能得分。

要求 5 中：

（1）没有答出具体的战略类型。

（2）进行了理由说明，不符合试题要求，既不扣分也不得分。

【案例分析题二】（10 分）

甲公司是从事高速公路、城市轨道交通等基础设施投资、建设及运营管理的投资公司，在国内有多个子公司，每个子公司均管理若干个在建项目及运营项目。2023 年，甲公司为贯彻高质量发展战略，突出"现金为王"的管理理念，采取措施如下：

（1）确定融资预算规模。公司投资的基础设施项目施工期一般在 4 年以上。2023 年初，甲公司按照如下方法确定各子公司融资预算规模：

①在建项目：根据各项目投资计划及施工计划进度，测算各项目 2023 年资金

需求；

②运营项目：根据各项目运营协议测算 2023 年回款金额，将在建项目资金需求扣减运营项目计划回款金额后，确定子公司 2023 年融资预算规模。

（2）加强融资预算控制。2022 年回款低于计划，导致公司实际融资超过预算金额，流动性指标逼近风险警戒线。如不尽快扭转回款不利局面，公司很可能出现债务违约，业务发展将受严重影响，为此，2023 年采取如下措施：

①在预算控制方面，将项目回款作为工作重点，由总部投资部、财务部形成联合督导组，督导回款情况，对各子公司的投资进度与回款实行挂钩管理，确保融资规模在预算内。

②在预算调整方面，针对上年实际融资超过预算的情况，公司董事会高度关注本年执行情况，要求经理层强化融资预算刚性约束。融资预算下达后，不随意调增，对确需增加预算的，要履行审批程序，经总经理办公会审议批准后方可执行。

（3）调增绩效评价体系，上年 6 个指标组成，计算方法：先将每个指标实际值与标准对比得出评价指数，再乘以对应的权重，求和后得出绩效结果，2023 年公司拟调整。观点如下：

①子公司 A：公司应聚焦提升投资回报率、总资产周转率、项目回款率，因客户满意度等非财务指标受主观影响较大，建议取消，全部采用财务指标。

②子公司 B：如果评价客户满意度，应当尽量将指标量化。

③子公司 C：回款指标是直接影响公司可持续发展的关键性指标，建议作为"一票否决"指标。

假定不考虑其他因素。

要求：

1. 根据资料（1），指出甲公司采用的预算编制方法。

2. 根据资料（2）的①，指出甲公司采用的预算控制原则。

3. 根据资料（2）的②，判断预算调整程序是否恰当，如不恰当，请说明理由。

4. 根据资料（3），指出对应的绩效评价计分方法，并说明优缺点。

5. 根据资料（3）中的①～③，指出各子公司说法是否恰当，如不恰当，请说明理由。

本题主要失分点：

要求 1：不能准确判断预算编制方法。

要求 2：答出多个预算控制原则，其中一个与标准答案一致，根据评分规则，不能得分。

要求 3：理由说明不全面，如考生没有陈述正确的预算调整程序，只是简单说明应经过"预算管理委员会或董事会审批"，不能得理由分。

要求 4：计分办法判断错误，导致优缺点陈述错误，不能得分。

要求 5：观点①，考生意识到不恰当，但教材中不能找到具体的答案要点，需要凭理解答题，理由说明不全面，不能得分。

【案例分析题三】（15分）

甲公司是一家从事特种橡胶制品研发、生产、销售与服务的大型集团企业，其产品主要用于航天汽车工程机械电器等领域，2022年末甲公司组织相关部门及下属子公司召开全集团投融资业务专题会，有关内容摘录如下：

（1）融资与增长管理。公司面临较大的偿债压力，近5年资产负债率均高于70%，并呈现逐年升高趋势，远超同行业55%～60%的平均资产负债率水平。由于行业发展前景良好，财务建议在控制负债规模的前提下，采取如下措施提高公司的可持续增长率：

①放宽针对客户的商业信用条件，加大商业折扣力度，扩大市场占有率。

②引入新的战略投资者。

③依靠数字化转型实施智能化综合管理，减少资金占用，加速资产周转。

④通过租赁方式租入大型设备。

（2）为提高航天业橡胶产品的市场份额，甲公司通过市场调研提出A、B两个项目投资方案，两个方案均为年初一次性投入并建成，所构建资产使用年限均为5年，经测算，项目A初始投资需10亿元，内含报酬率IRR为27.2%，净现值NPV为1.2亿元。项目B初始投资需4亿元，内含报酬率IRR为33.6%，净现值NPV为0.4亿元。

（3）产业投资基金。为抢抓新能源汽车行业发展机遇，提升公司在新能源汽车领域的市场竞争力，拓展业务规模，甲公司拟出资2亿元与乙投资管理有限公司（以下简称乙公司），及其他合格投资者共同出资设立产业投资基金，基金名称为XYZ股份投资合伙企业（有限合伙），存续期为5年，由乙公司担任基金管理人。该基金计划投资一家由丁公司控股的新材料电池企业，要求被投资企业在投资第3年达到10亿元以上营业收入，如未达到要求则丁公司需按每股20元价格回购全部股权。目前被投资企业年营业收入6亿元，行业平均增长率20%。有关人员提出如下观点：

①投资部张某认为公司作为产业投资基金的发起方负责出资，对合伙企业债务承担无限连带责任。

②资产管理部李某认为在设立初期公司应与乙公司及其他合格投资者确定资金管理费用与业绩奖励，定期召开会议，由公司独立负责合伙企业的经营管理。

③财务部孙某认为投资合约中股权赔付条款的设计有利于公司控制投资风险。

（4）产融结合。为加强集团财务公司在集团内各业务发展的支持，提高资金利用率与风险管理水平，部分参会人员提出如下建议：

①财务公司需进一步精化管理同业拆借业务，提升短期资金的使用效率，财务公司继续为集团公司成员单位提供融资担保。

②增强成员单位的融资能力。

③集团成员单位的外部供应商大额采购时经常面临资金压力，财务公司可为其提供贷款服务，巩固与供应商的长期合作关系。

④公司海外业务规模逐渐扩大，为增强公司汇率风险管理能力，财务公司需向董事会申请并经批准后立即开展套期保值类衍生产品交易服务。

假定不考虑其他因素。

要求：

1. 根据资料（1），逐项指出①～④项措施是否恰当，如不恰当，说明理由。

2. 根据资料（2），若项目 A、项目 B 为互斥项目，指出应选择哪个项目，并说明理由。

3. 根据资料（3），指出甲公司发起设立的产业投资基金采取的组织形式；针对有关人员的观点，逐项说明是否恰当，如不恰当，说明理由。

4. 根据资料（4），逐项指出针对财务公司未来发展的①～④项建议是否恰当，如不恰当，说明理由。

本题主要失分点：

要求 1 中：

观点①理由说明不全面，没有陈述加大商业折扣对销售利润率和可持续增长率的不利影响，不能得分。

观点②，个别考生判断错误。

观点④，很多考生认为租赁会提高资产负债率，此考点失分较多。

要求 2 中：考生在教材中没有找到正确的知识点，出现判断和理由陈述错误。

要求 4 中：观点①考生在教材中没有找到直接依据，出现判断错误。

【案例分析题四】（10 分）

甲公司是一家主要从事电路板封装基本生产与销售的企业，公司依托技术领先优势为企业客户提供电子线路技术的综合性解决方案。面对日益激烈的市场竞争，公司综合应用多种成本管理工具进行成本优化。2023 年 1 月甲公司召开成本管控专题会议。有关部门发言要点摘录如下：

（1）研发部门：为满足客户个性化定制需求，研发部门应用价值工程技术进行产品设计，邀请客户深度参与型号设计、材料优化、应用场景开发等工作，所以为满足客户需求，在研发设计的各个阶段均以产品性能最优为目标。

（2）采购部门：受全球大宗商品价格上涨的影响，主要原材料面临价格上涨压力，为控制成本，建议采取如下措施：

①成立采购、研发、财务等多部门人员组成的采购成本管控专项小组，建立相应的工作机制，确保及时、准确掌握原材料价格、库存质量等各类信息。

②与供应商建立设计成本信息共享机制，借助供应商的专业知识、技术优势通过

用模具等资源缓解成本压力。

　　③持续优化供、产、销各环节成本及维修等的成本,通过大规模采购标准化原材料零部件,提升议价能力,降低采购成本。

　　(3)生产部门:建议加快建设智能工厂和数字化生产车间,优先推动两项生产作业优化:

　　①物料识别自动化。在原材料零部件上打印二维码,通过扫码快速准确获取物料信息,消除物料识别误差,从而省去原有工序中的人工物料复核环节。

　　②作业编排智能化,经过全面梳理工艺流程将生产环节划分为开料、切割、高层压、钻孔、联通、左焊、显影等12项作业,通过与自动化设备的互联互通智能信息系统,可以准确获取各订单的数量、交货期、配方等因素,灵活安排,协调生产作业、平衡生产能力、减少作业消耗的时间和资源。

　　(4)财务部:为提升客户满意度,公司推出了一系列售后增值服务,包括成品维护状态监测专项培训、驻场服务等。从全生命周期成本管理角度考虑,将售后阶段发生的相应成本纳入产品成本管理范围。目前公司生产的两款主要产品为X、Y。不考虑售后阶段成本,X、Y产品的单位成本分别为1.58万元和0.65万元。公司确定产品目标成本使用的必要利润率为20%。根据营销部门市场调查,X、Y产品的竞争性市场单价分别为2万元和0.8万元。

　　假定不考虑其他因素。

　　要求:

　　1.根据资料(1),判断研发部门的说法是否存在不当之处,若存在不当之处,指出不当之处,并说明理由。

　　2.根据资料(2),逐项指出①~③,体现了哪些目标成本管理的实施原则。

　　3.根据资料(3),分别指出①~②,体现了哪些作业改进方法。

　　4.根据资料(4),若考虑售后阶段成本,分别计算X、Y产品的单位目标成本,并借此判断哪种产品未达到目标成本控制的标准。

　　本题主要失分点:

　　要求1:没有指出资料中的不当之处和部分考生理由说明不准确。

　　要求2:答出的成本管理的实施原则,没有表明题号,无法判断答题内容与①、②、③对应关系,依据评分规则,不给分。

　　要求4中:

　　(1)X、Y的单位目标成本不会计算,失去计算分值。

　　(2)没有列示计算过程的,不扣分。

　　(3)未能正确判断未达标产品类型。

【案例分析题五】（10 分）

甲公司是一家区域性水泥生产龙头企业，业务主要集中在华东和华北地区，在深圳证券交易所主板上市。乙公司是一家面向华南和华中地区的民营独资非上市水泥生产企业。由于受技术和管理水平的制约，面临全面挑战。2023 年初甲公司并购乙公司全部股份并取得经营管理权，乙公司成为甲公司的全资子公司，有关资料如下：

（1）并购代价。近年来面对不确定性日益增加的外部环境，政府部门注重宏观政策的跨周期调节，不断加大基础设施投资力度。甲公司为战略定位进军全国市场，增强议价能力，巩固成本优势，将与乙公司股东协商拟以定向增发方式发行股份购买乙公司 100% 股权，通过此次并购甲公司将成为国内头部的水泥生产企业，销售市场将进一步扩大。

（2）价值评估。甲公司聘请某专业评估机构以 2022 年 12 月 31 日为评估基准日，分别采用市场法和收益法对乙公司价值进行评估。

①市场法。评估机构以近一年行业内 A、B、C 三家公司实施的类似并购作为可比交易，按三家公司的账面价值倍数平均值和支付价格收益比平均值作为计算系数并将上述两项指标的权重均设定为 50%，据此评估乙公司价值。乙公司 2022 年末净资产为 260 亿元，2022 年全年净利润为 28 亿元。可比交易相关数据如下表所示。

可比交易情况表
单位：亿元

日期	公司	并购价	2021 年末净资产	2021 年净利润
2022.7.20	A	342	180	19
2022.10.25	B	319	145	14.5
2022.11.23	C	410	200	20.5

②收益法。在预测乙公司未来自由现金流量和确定折现率的基础上，评估机构评估乙公司价值为 530 亿元。

③确定并购定价。甲公司认为水泥产品存在周期性价格波动，乙公司近年来的利润波动幅度较大，会导致收益法评估结果的可靠性稍逊于市场法。因此基于评估机构评估结果，甲公司将市场法和收益法估值分别赋权 60% 和 40%，以赋权计算结果作为并购定价依据，经过多人谈判，交易双方拟以甲公司的上述定价作为并购交易支付对价（最终收购定价）。

（3）并购整体方案。交易完成后甲公司发展战略保持不变，拟采取如下整合措施：

①提升乙公司产能利用效率，计划将甲公司已运作多年的水泥生产标准化管理体系、管理系统引入乙公司。

②整合行政管理部门。重新梳理岗位需求，进行人员定岗，减少岗位重复设置，

从整体上节约人力成本，提升管理效率，按照市场和产品线重新划分甲公司和乙公司的定位，募集专项资金，在甲公司新建高标号水泥生产线，在乙公司新建智能化数字工厂。

假定不考虑其他因素。

要求：

1. 根据资料（1），从并购双方法人地位的变化情况、并购交易的方式分别指出甲公司并购乙公司的并购类型。

2. 根据资料（1），说明甲公司并购乙公司协同效应的具体方面。

3. 根据资料（2），分别计算市场法下乙公司的评估价值和并购双方最终确定的收购定价。

4. 根据资料（3），逐项指出甲公司并购后整合工作的具体类型。

本题主要失分点：

要求1：并购的交易方式类型判断错误，如回答成"要约收购"等。

要求2：将所有协同效应的内容都回答出来，根据评分规则，不能得分。

要求3中：

（1）考试时间紧张放弃指标计算。

（2）不会运用市场法计算相关指标。

（3）计算指标结果错误。

要求4：并购整合缺少战略整合的判断，答题不全面。

说明：指标计算可以不列示计算过程，可以不带计算结果的金额单位，只要计算结果即可。

【案例分析题六】（10分）

甲公司是一家大型集团公司，主要业务涉及商贸流通、金融服务等领域，拥有百余家分、子公司，地域分布广泛。财务共享服务建设是甲公司2023年度重点工作之一，总会计师为此组织召开专题研讨会。会议内容摘录如下：

（1）建设目标。财务共享服务建设应结合公司实际，学习标杆企业的成熟经验，考虑最新的技术发展，将财务共享服务中心打造成集业务处理、数据集成和决策支持于一体的数字化平台，助力企业实现"提效率、降成本、强管控、稳发展"的管理目标。

（2）中心设置。鉴于公司规模大，分、子公司数量多，不同业务板块之间差异大，个别业务板块的监管要求高，公司拟按业务板块建设多个财务共享服务中心。在财务共享中心选址问题上，IT中心主任认为应考虑交通运输、信息通信基础设施等因素，将财务共享服务中心建在北京、上海等一线城市；人力资源部部长综合考虑人力成本和人力资源可获得性，认为应将财务共享服务中心建在教育资源较为丰富且成本较低的西安、武汉等城市。

（3）人员分工。财务共享服务中心要承担集团范围的会计核算职能，拟设置总账报表、资产管理、资金管理、应收应付管理、费用报销管理等小组。为使各财务共享服务中心尽快承接下属单位的核算业务，缩短过渡期，财务部部长提出财务共享服务中心的人员来自各板块下属单位，对原单位的业务非常熟悉，因此，在财务共享服务实施初期，应通过系统授权安排上述人员处理原单位的全部核算业务。

（4）系统建设。信息系统建设是实现财务共享的基础。公司计划新建电子影像系统、报账系统、共享服务运营管理平台等系统；同时，进一步优化会计核算系统，在与企业内部的采购、销售等系统对接的基础上，通过银企直连、税务云等与银行系统及税务系统对接，确保快速获取数据，实现核算目标。公司还应采用新技术手段，提高业务处理效率，如：基于流程标准化，设计模仿人在计算机操作的自动化流程，处理发票查验数量多、重复性高的业务；采用商务智能等工具，自动采集、清洗、分析多来源多形式的海量数据，依据用户需求选择展现方式，自动分发信息。

假定不考虑其他因素。

要求：

1. 根据资料（1），指出其体现了财务共享服务建设的哪项核心因素。

2. 根据资料（2），基于财务服务中心覆盖范围，判断甲公司财务共享服务中心的类型，并指出 IT 中心主任和人力资源部部长分别考虑了哪些财务共享服务中心选址因素。

3. 根据资料（3），结合财务共享服务中心的职能，判断财务部部长提出的做法是否正确；如不正确，说明理由。

4. 根据资料（4），指出甲公司财务共享服务建设预计提升会计核算系统的哪些价值（作用），并指出甲公司在财务共享服务建设中拟采用哪几项新技术。

本题主要失分点：

要求2：财务共享服务中心的选址因素判断中，缺少成本因素的选择。

要求3：不当观点的理由说明不全面、不准确。

要求4：财务共享中心采用的新技术，缺少大数据分析和数据可视化描述。

【案例分析题七】（15 分）

甲公司是经国务院批准组建、中央直接管理的国有集团企业，下辖十余家上市公司、百余家专业化公司和一家集团财务公司。甲公司及其下辖公司均不是投资性主体。2023 年 2 月 17 日，甲公司财务部组织了金融工具及股权激励相关业务专题讨论会，对近期发生的部分业务进行了讨论。相关资料摘录如下：

（1）A 公司是甲公司控股的股份制企业。2023 年 1 月，甲公司、A 公司与乙公司签订战略投资协议。2023 年 2 月 15 日，乙公司按照战略投资协议向 A 公司出资 4 亿元人民币，A 公司相关增资手续于当日办理完毕。此前，甲公司和 A 公司均与乙公司无关联关系。增资后，乙公司持有 A 公司 18% 的有表决权股份，甲公司仍为 A 公司的控股股东。A 公司不存在除普通股以外的其他权益工具。按照甲公司、A 公司与乙公司签订的前述战略投资协议，如果 A 公司在 2026 年 12 月 31 日前未能完成在沪市主板首次公开发行股票（IPO），乙公司有权要求甲公司以现金回购乙公司持有的 A 公司股份，收购价由两部分构成：一是 4 亿元人民币；二是以 4 亿元人民币为本金，按年化收益率 6% 和实际出资期限计算的收益。投资协议同时约定，乙公司持有的 A 公司股份只能一次性全部转让给甲公司。增资当日，A 公司尚未进入上市辅导阶段。针对上述事项，相关人员建议进行的部分会计处理如下：

①A 公司个别财务报表中将收到的 4 亿元人民币投资款确认为一项权益工具。

②甲公司合并财务报表中将收到的 4 亿元人民币投资款确认为一项权益工具。

（2）B 公司是甲公司的境内全资子公司，2023 年 2 月开展了两项套期业务：

①2023 年 2 月 10 日，B 公司进口了一批原材料，合同约定 3 个月后支付货款 100 万美元，B 公司为管理汇率风险，于当日购入了一项 3 个月后买入 100 万美元的期权合约，行权价格为 681 万元人民币。

②2023 年 2 月 14 日，B 公司根据收到的产品订单，计划 3 个月后采购 1 万吨天然橡胶原材料以安排订单生产。伴随着生产复苏，B 公司预计 3 个月后该品种天然橡胶价格将会上升。为控制原材料成本，B 公司于当日以 12 530 元人民币/手（每手 10 吨）的价格建仓 3 个月后到期的 1 万吨该品种天然橡胶的卖出期货。

（3）C 公司是甲公司控股的境内主板上市公司，股票面值为 1 元人民币，满足实施股权激励计划的条件。C 公司拟定的拟于近期实施的股权激励计划草案中的相关内容摘要如下：

①授予激励对象限制性股票，授予价格不低于股票票面金额且不低于以下价格较高者：股权激励计划草案公布前 1 个交易日的公司股票交易均价；股权激励计划草案公布前 20 个交易日、60 个交易日或者 120 个交易日的公司股票交易均价之一。

②C 公司董事、高级管理人员的权益授予价值为授予时薪酬总水平（含权益授予价值）的 30%，管理、技术和业务骨干等其他激励对象的权益授予价值，由 C 公司的董事会合理确定。

假定不考虑其他因素。

要求：

1. 根据资料（1），分别判断①和②项是否存在不当之处；如存在不当之处，说明理由。

2. 根据资料（2），分别判断①和②项是否存在不当之处；如存在不当之处，说明理由。

3. 根据资料（3），分别判断①和②项是否存在不当之处；如存在不当之处，说明理由。

本题主要失分点：

要求 1：没有读懂题中资料，导致判断失误。

事项①将或有结算条款中，IPO 失败的未来回购义务误认为是 A 公司承担，因此判断本题存在不当之处，失去判断分值。

事项②道理同上，由于理解题意错误，导致本题判断失误，也没有作出理由说明。

要求 2：不理解套期保值的概念，导致出现失分。

事项①要回避未来 100 万美元汇率上升的风险（即价格上涨风险），应该签订买入远期外汇合约（即买入期货），部分考生判断错误。

事项②要回避未来原材料价格上涨的风险，应当作买入套期保值合约，部分考生理解错误导致不能得分。

要求 3：教材中有明确的答案要点，失分较少。

金融工具会计章节内容的理解难度大，本题考生失分比较多。

二、案例分析题选答题（案例分析题八、案例分析题九为选答题，考生应选其中一题作答，本类题 20 分。凡要求计算的，可不列出计算过程；计算结果出现两位以上小数的，均四舍五入保留小数点后两位小数，百分比只保留百分号前两位小数。凡要求分析、说明理由的，必须有相关的文字阐述。请在指定答题区域内作答）

案例分析题八（20 分，本题为选答题，在案例分析题八、案例分析题九中应选一题作答）

甲公司是一家从事石油炼制成品油及化工产品生产与销售的大型国有控股上市公司，2023 年 1 月甲公司管理层召开风险内控专题研讨活动，围绕控制目标、面临风险应对措施、监督考核等方面开展讨论。有关内容摘录如下：

（1）控制目标。切实提升核心竞争力，加快实现高质量发展，全力打造世界一流能源化工企业，建立完善的指标评价体系。2023 年的目标为利润总额同比增长 7%，增长率超过 60%，净资产收益率不低于 9%，营业现金比率不低于 10%，研发经费投入强度不低于 4%，全员劳动生产率同比增加 6%。

（2）主要风险因素。①宏观因素。某些国家贸易摩擦时有发生，地缘政治风险高企，全球货币贬值仍在持续，经济下行风险加大。②市场因素。国企原油价格波动大，预计维持中高运行，国内原油加工量进入高峰期。大宗石化产品运营过剩，成品油消费价格倒挂，能源革命迅猛发展，新能源汽车市场渗透率加速发生，对传统燃油车的替代效应加速显现。③技术因素。一些关键技术和设备直接买进代替自行研发，科研人员收入偏低，核心技术人才流失严重。④运营因素。受 2022 年市场需求不足影响，化工产品库存量较大，由于信用政策较为宽松，应收账款比例偏高，少数下属企业出现亏损且亏损额较高，转型困难。

（3）应对措施。①加强形势研判，优化产业布局，加速发展新能源、新材料、新经济等。新兴业务、新兴投资项目不论金额大小由分管投资副总经理审批后即可实施。②增强全产业链优化，合理配置原油采购量和加工量，采用差异化采购策略，努力降低采购成本，紧贴市场优化产品结构，打造具有全球竞争力的产品。优化营销策略，提升服务质量，扩大贸易量。③加大研发投入，集聚力量开展原创性、引领性科技攻关，打造原创技术发源地，实施高水平开放创新，提升科技成果和产业化水平，促进产业链创新，高效融合。坚持人才强企工程，加快培育战略人才，弘扬科学家精神，激发创新活力，开展"我为企业献一技"活动。鼓励全员立足岗位，加强研发，向全体员工随时开放公司专利商业秘密等全部资料的查阅权限。④加强资金收支管理，优化资金运作、配置策略、规模限额，使营业现金比率更趋合理，加强应收账款管控，加大应收账款保理力度，以加快资金回流。简化会计核算，对所有附追索权、不附追索权的应收账款均直接核销，加强债务规模管控。持续优化债务结构，确保资产负债率稳定在合理水平。⑤加大亏损企业治理力度，分级分类落实管控措施，加快降低化工产品库存，提高资产使用率，加快低效无效资产剥离处理，提升资产创利能力和收益水平。

（4）监督考核。①优化评价范围。落实上市公司内部控制评价有关监管要求，结合公司内控制度与实施多年的实际情况，年度评价仅对内部控制的运行有效性进行全面评价。②细化内控缺陷认定。内部控制评价部门结合日常监督和专项监督发现的内部控制缺陷及其持续改进情况，对内部控制缺陷及其成因、表现形式和影响程度进行综合分析和全面复核并作出缺陷等级最终认定。③简化审批程序。根据内部控制有效性全面评价结果编制评价报告，报全面风险管理小组批准后对外披露。④强化问题整改。制定问题整改验收标准，提高整改效果，建立问题整改台账，落实专人跟踪，逐项验收销项管理。⑤严肃问责。根据问题严重程度及整改情况，采取通报、警示、降薪、岗位调整、免职、辞退等方式进行问责。

假定不考虑其他因素。

要求：

1. 根据资料（1），指出其中体现了企业内部控制基本规范中的哪些内部控制目标。

2. 根据资料（2），逐项指出①～④项每个因素对甲公司可能产生的负面影响。

3. 根据资料（3），逐项判断①～⑤项是否存在不当之处；如存在，逐项说明理由。

4. 根据资料（4），逐项判断①～⑤项是否存在不当之处；如存在，逐项说明理由。

5. 根据资料（1）～（4），指出相关内容涉及企业风险管理基本流程的哪些环节。

本题主要失分点：

要求1中：

第一种情况：将内控目标全部答出，不给分。

第二种情况：答出三个内控目标，两个符合答案要点，不影响得分。

第三种情况：答对一个答案要点，得一半分值。

要求 2 中：

第一种情况：答题结果意思表达与标准答案关键词含义基本一致，可以得分。

第二种情况：答题结果语句较多，若内容中有与标准答案意思一致的语言表达，可以得分。

第三种情况：答题结果不全面，不给分。

要求 3 中：

①常见考点，无失分现象。

②有考生判断失误。

③判断正确，理由说明与标准答案不符，不得分。

④判断正确，理由说明不全面，不得分。

⑤个别考生判断失误，不得分。

要求 4：教材中答案明确，失分较少。

要求 5：大部分考生只回答了 3～4 个基本流程，失去一半分值。

【案例分析题九】（20 分）

甲单位是一家中央级事业单位（非研究开发机构和高等院校），乙、丙单位是甲单位所属事业单位，2022 年 7 月初，甲单位总会计师赵杰组织由本单位所属事业单位财务、采购、生产、审计等部门负责人参加的工作大会，听取前期相关工作汇报，并就有关问题交流讨论，部分参会人员发言要点如下：

（1）甲单位财务部负责人：本单位年初财政补助收入预算与非财政补助收入预算占比基本持平，由于突发挑战，开拓财源能力下降，2022 年 1～6 月，甲单位实现的非财政补助收入减少，基本支出预算执行不如预期，上年基本支出结转资金中的人员经费结转资金尚未使用，项目支出预算执行进展缓慢，为此建议：

①建议非财政补助收入出现短收，在下半年预算执行中，应增人增编，需增加基本支出的，应当首先通过申请调增当年财政补助人员经费预算。

②积极推进项目实施，实时跟踪项目执行情况，因实施计划调整，不需要继续支出的项目预算资金作为结余资金处理。

（2）甲单位采购部门负责人：近年来本部门本系统管理工作涉及的法律、评估、会计、审计等鉴证咨询服务增多，为规范此类多频次、小额度零星采购业务，经批准自 2022 年起，甲单位可以作为征集人，组织实施框架采购协议，对此建议：

①确定第一阶段入围供应商时，应当在入围通知书发出之日起 45 日内与入围供应商签订框架协议。

②确定第二阶段成交供应商时，应当根据框架协议约定，采用直接选定、轮候或者竞争方式从第一阶段入围供应商中选定。

（3）甲单位资产管理部门负责人：甲单位近期已将本单位持有的对 A 公司的股权投资有偿转让给国有全资企业 B 公司，该项股权投资账面初始成本 1 520 万元，系甲单位以设备出资取得，为此建议：

①该项股权转让需报主管部门审批，主管部门审批同意后，即可直接实施。

②应委托具有资产评估资质的资产评估机构对该项股权投资的价值进行评估，评估结果作为确定转让底价的参考依据。

③意向交易价格低于评估结果的，需报资产评估报告核准或者备案部门重新确认后交易。

④对该项股权投资转让交易实际取得的处置收入，及时全额上缴国库。

（4）乙单位财务部负责人：2022 年是乙单位预算绩效管理质量提升的关键年，应加强项目支出绩效目标管理，重点关注项目绩效指标设置及绩效指标值的设定，为此建议：

①设置项目绩效指标时，应选取能反映全部产出和完整效果的所有指标。

②项目产出数量指标和质量指标原则上均需设置，时效指标可根据项目实际设置，不作强制要求。

③项目绩效指标值的设定，要在考虑可实现的基础上，尽量从严、从高设定，以充分发挥绩效目标对预算编制及执行的引导约束和控制作用。

（5）丙单位审计部门负责人：2022 年 6 月丙单位审计处对本单位合同控制情况进行专项检查，检查发现以下事项：

①丙单位通过公开招标方式采购 2022 年度物业服务。招标文件明确规定，丙单位根据物业服务质量的系统验收结果，分 4 期结算物业服务费，每期支付 25%。针对该项物业服务，2022 年 1 月，丙单位与中标供应商 C 公司签订了物业服务合同，合同中物业服务费结算条件为合同签订 7 日内支付 40%，剩下的 60% 在前 3 个季度的首日分期支付。

②2022 年 3 月，经公开招标，丙单位与中标供应商 D 公司签订了价值 100 万元的软件采购合同。合同约定，软件系统开发、安装、调试以及项目验收等工作需在 2022 年 5 月 31 日前完成。合同签订后，丙单位已按合同约定支付了首笔采购款 40 万元，因 D 公司负责该项目的人员工作变动，合同履行处于停滞状态，截至检查日，丙单位未采取任何措施，软件开发工作尚未启动。

假定不考虑其他因素。

要求：根据国家部门预算管理、预算绩效管理、政府采购、事业单位国有资产管理、事业单位内部控制等有关规定，回答以下问题：

1. 分别判断资料（1）中甲单位财务部负责人的建议①和②是否存在不当之处，对存在不当之处的，分别说明理由。

2. 分别判断资料（2）中甲单位采购部门负责人的建议①和②是否存在不当之处，对存在不当之处的，分别说明理由。

3. 分别判断资料（3）中甲单位资产管理部门负责人的建议①~④是否存在不当

之处，对存在不当之处的，分别说明理由。

4. 分别判断资料（4）中乙单位财务部负责人的建议①～③是否存在不当之处，对存在不当之处的，分别说明理由。

5. 根据资料（5）中丙单位发生的事项①和②，分别判断丙单位的做法是否存在不当之处，对存在不当之处的，分别说明理由。

本题主要失分点：

要求1：资料（1）是传统考核知识点，教材中可以找到明确答案，失分不多。

要求2：资料（2）教材中答案容易找到，不易失分。

要求3：资料（3）是以前年度多次考核内容，容易掌握，答题容易。

要求4：资料（4）观点容易判断失误，部分考生理由说明不明确、不全面。

建议①理由说明要凭考生对内容的理解回答，与标准答案不符的，容易失分。

建议③存在不当的理由，教材中答案不易查找，容易失分。

要求5：建议①和②的理由说明，不易得分。

本题考核知识点简单，选择做此题的考生得分率很高。

2024 年度高级会计资格
《高级会计实务》全真模拟试题（一）

案例分析题一（本题 10 分）考核企业战略 + 财务战略

甲公司是一家较早成立的中国本土手机制造商，公司成立以来，一直着力为用户提供优质的以手机为核心的多品牌智能终端，并基于自主研发的智能终端操作系统和流量入口，为用户提供移动互联网服务。然而中国的手机市场竞争激烈，苹果、三星、小米、联想等品牌手机都在争抢这个市场；除此之外，中国新兴的本土品牌手机异军突起，都想分一杯羹。

为此，甲公司做了一个重要的战略部署，它的产品——传音手机不在中国销售，不在欧洲和美国销售，而是专供非洲大陆。由于非洲大陆购买力并不高，像苹果、三星这样的国际大品牌，几乎都没把非洲当作主要市场。而且，这些大的手机生产厂商在非洲出售的产品基本上不会针对非洲人专门开发一些功能和服务。甲公司通过深入调研，了解到很多非洲人的生活、消费习惯，并针对这些习惯开发相应的功能，其中智能美黑、四卡四待和手机低音炮是传音手机风靡非洲的三大利器。首先，由于大部分非洲人的肤色较深，夜晚手机较难分辨。为了解决这个问题，公司专门打造了基于眼睛和牙齿来定位人脸的功能和"智能美黑"功能，不仅能清晰地拍出非洲人的样貌，还能智能调节肤色，获得非洲朋友的一致好评。其次，非洲的移动运营商很多，而且竞争非常激烈，各运营商之间的通话费用很高，但是非洲办理电话卡的费用很低，因此，很多非洲人都有好几张手机卡，双卡双待也满足不了非洲人的需求，甲公司直接推出了四卡四待的手机，这样非洲人就不用频繁地更换手机卡了。最后，公司开发了一款拥有 8 个扬声器、支持环绕立体声的手机。大多数非洲人能歌善舞，因此随时播放音乐对他们来说非常重要，那些传统手机大厂的手机的音量不够大。

与此同时，甲公司在营销方面也是煞费苦心，到处都可以看到传音手机的广告。公司还在线下大范围地开设零售店，让非洲同胞随处都可以买到公司产品。整体来说，甲公司产品虽然不像我们国内的智能手机产品这样好，功能也没有那么多，但是凭借独特的产品定位和营销方式，使得其非常适合非洲同胞的需求。甲公司在非洲当地实现了业务的快速发展。

要求：

1. 请简要分析甲公司的产品在国内面临的行业竞争程度。

2. 分析甲公司选择了何种公司战略（要求细化），从而取得快速发展？

3. 从案例中，可以反映出甲公司在哪些方面具有较强的企业能力？

4. 从资本筹措与使用角度，判断甲公司应采用何种财务战略，并简要评价该战略的优缺点。

案例分析题二（本题 10 分）考核企业全面预算管理 + 企业绩效评价

甲公司是一家国内知名的家居行业个性化定制产品综合服务提供商，依托其领先的家居产品设计软件开发和信息化整体解决方案提供能力，公司取得了超常发展。前几年，公司管理层基于对本行业未来发展趋势的判断，重新修订了公司的发展战略，将业务发展重点从最赚钱的定制家居、配套家居产品的生产与销售业务，逐渐转向整装业务，并利用其领先的 IT 技术平台，整合供应链体系和行业资源。同时，公司管理层在商业模式选择上坚持了 O2O（线上线下协同）和自营模式，拒绝了"短平快"的加盟商模式。

但近几年由于新冠疫情的持续发酵，叠加房地产行业景气度的持续下降，家居和家装行业也进入了"寒冬"。公司由于坚持了自营模式，线下门店经营受到的冲击尤其严重。公司的业绩经历了断崖式下跌。公司相关财务数据如下表所示：

金额单位：亿元

项目	2021 年	2022 年	2023 年预计	同比增减	预算完成度
营业收入	65.13	73.10	53.23	-27.18%	48%
净利润	1.01	0.90	-0.31	-134.16%	35%
经营现金净流量	1.32	5.39	-1.11	-121%	-300%
净资产收益率	2.90%	2.53%	-0.84%		
资产负债率	43.82%	55.22%	54.79%		

2023 年第三季度刚结束，公司管理层召开了年度预算执行情况分析总结会，并对 2024 年的预算和绩效考评指标编制进行了动员。财务部分根据 2023 年前三季度的实际财务数据，并结合当前发展趋势，得出全年预计业绩数据，并计算出了同比增减百分比和全年预算预计完成度等相关数据。

与会成员对以下几个议题展开了激烈讨论：（1）公司预算编制的原则和方法是否需要改进优化。（2）自营模式带来的业绩和现金流冲击远超预期，是否需要大幅度缩减自营，大力拓展加盟模式；在业绩未见大幅改善，资金承压的情形下，明年是否应该投资假设位于西部的生产基地，以实现补短板和区域协同布局。（3）绩效考评的目标值应该选择何种标准比较合适。（4）导入平衡计分卡绩效管理模式，增加非财务评价指标比重是否必要。

虽然大家观点不一，但经过充分沟通，管理层最终决定还是坚持原有的发展战略和商业模式不动摇，但在具体经营管理措施，以及预算和绩效考评方法上做进一步优化调整。

要求：

1. 从公司 2023 年度预算执行情况看，主要存在哪些特征或问题。

2. 公司在编制 2024 年度预算时是否应该为了短期业绩和资源限制，改变商业模式，并取消基地投资计划，请说明理由。

3. 绩效考评的目标值确定有哪些标准，公司该如何选择，请说明理由。

4. 试阐述平衡计分卡的基本理念和框架，并说明实施平衡计分卡应注意的基本原则。

案例分析题三（本题 15 分）考核企业风险管理与内部控制

甲公司为深交所上市公司，主要从事智能电网设备制造，产品广泛应用于电网、铁路、城市轨道交通对电能进行接受和分配等。面对新冠疫情后经济萎靡不振的不利局面，甲公司于 2024 年 2 月召开风险管理与内部控制会议，有关部分内容摘录如下：

（1）识别来自于内部和外部的风险。①甲公司生产产品所需原材料很大一部分需要依赖进口，采用美元结算，预计在未来一段时间内美元汇率将保持较大幅度升值，可能使原材料成本上升。②随着国民经济的迅速发展和电力产业的快速进步，输配电设备需求和更新速度增长迅速，行业内企业数量增加较快，市场竞争不断加剧，可能导致公司产品市场占有率下降。③甲公司智能电网主要客户为电力系统、铁路公司等行业大客户，对外付款相关的内部行政审批流程较长，公司回款周期较长，加之受经济下行的影响，客户现金流紧张，应收账款数额增速过快，可能导致信用损失有较大增加。

（2）进行风险分析，切实把控风险。甲公司的风险管理目标是在确定企业风险偏好的基础上，将企业的总体风险和主要风险控制在企业风险容忍度范围之内。通过风险管理，识别和管理贯穿于企业的风险，在风险分析中不仅要分析单一风险的可能性和影响程度，而且要关注风险之间的关系，考虑整个企业层面的组合风险，特别是各单元均未超过风险容忍度，但组合在一起超出整体风险容忍度的情况。

（3）采取恰当的风险应对策略，有效控制风险。甲公司通过风险分析，识别出了重大风险和重要风险，并有针对性地采取了如下措施：①对于预计在未来一段时间内美元汇率将保持较大幅度升值，甲公司与中国银行签订了远期外汇契约，锁定汇率，将原材料人民币成本控制在可承受范围内。②对于市场竞争加剧可能导致公司产品市场占有率下降的风险，甲公司积极根据行业发展态势，持续提高研发投入规模，丰富技术储备，促进产品的升级，通过开发有竞争力的新产品代替老产品，争取更大的市场份额。③对于不断增加的应收账款规模，防患于未然，计提足额的风险准备金加以应对。

（4）加强内部控制，强化制度建设。①甲公司进一步明确决策机构、执行机构的职责范围，完善董事会、管理层和各子公司之间的分工、权责和管控模式；不断完善公司法人治理结构，强化组织管理原则，建立规范的决策程序和管理流程，将董事会与经理层融为一体，提高决策水平和决策效率。②甲公司从人才队伍、激励及考核机制、各项业务流程、建立企业文化、内控制度监督等各个方面全面提升公司的管理水平，并在兼顾全面的基础上，关注重要业务事项和高风险领域，采取更为严格的控制措施，确保不存在重大缺陷。③甲公司将有效的内部控制视为公司基业常青的根本保证，按照内部控制有关法律法规以及企业内部控制制度要求，在所有重大方面建立并实施有效的内部控制；并在年度内部控制审计中，积极配合会计师事务所工作，使得注册会计师按照有关内部控制审计准则的要求计划和实施了审计工作。尽管注册会计师认定了甲公司财务报告内部控制中存在的若干重要缺陷和一般缺陷，注册会计师仍为甲公司出具了无保留意见的内部控制审计报告。

假定不考虑其他因素。

要求：

根据《企业内部控制基本规范》及其配套指引和企业风险管理相关要求，回答下列问题：

1. 根据资料（1），逐项指出①~③项中甲公司面临的主要风险。

2. 根据资料（1），指出①"外汇风险"按能否为企业带来盈利等机会进行分类，属于何种风险，并说明理由。

3. 判断资料（2）中是否存在不当之处；对存在不当之处的，逐项指出不当之处并分别说明理由。

4. 根据资料（3），逐项指出①~③项中甲公司针对重大和重要风险所采取的应对策略类型，并说明理由。

5. 根据资料（4），逐项指出①~③项中是否存在不当之处；对存在不当之处的，逐项指出不当之处并分别说明理由。

案例分析题四（本题 15 分）考核企业投融资管理、资金管理

临海公司是一家国有大型企业集团。2023 年初，公司总部召开战略发展研讨会，邀请了公司管理团队核心成员共同参与。在会议上，核心领导成员发言要点如下：

（1）总经理：尽管宏观经济整体情况比较严峻，但目前本公司的发展却处于难得的发展机遇，首先是公司现有核心产品和服务得到市场的高度认可，产品市场占有率快速提升，但现有市场趋于饱和，公司应加快在全国市场布局，进一步扩展现有核心产品的市场覆盖度；与此同时，公司应加大新产品开发力度，提高研发投入。

（2）财务总监：公司 2022 年末有关资产负债表（简表）项目及其金额如下表所示。

2022 年末有关资产负债表（简表） 单位：亿元

资产		负债与所有者权益	
现金	2	短期借款	8
应收账款	8	长期借款	12
存货	6	实收资本	4
非流动资产	13	留存收益	5
合计	29	合计	29

公司营销部门预测，2023 年公司营业收入将在 2022 年 20 亿元的基础上增长 30%。财务部门根据分析认为，2023 年公司销售净利率（净利润/营业收入总额）能够保持在 10% 的水平；公司营业收入规模增长不会要求新增非流动资产投资，但流动资产、短期借款将随着营业收入的增长而相应增长。公司计划 2023 年外部净筹资额全部通过长期借款解决。公司每年现金股利支付率应当维持在当年净利润 80% 的水平。为控制财务风险，公司拟定的资产负债率"红线"为 75%。假定不考虑其他有关因素。

（3）产品总监：公司现有 A、B、C 三类产品的生产和销售。这些产品的有关市场销售数据见下表。假设市场增长率和相对市场占有率分别以 10% 和 1.0 作为高低的界限标准。

2022 年市场销售数据

产品	A	B	C
公司销售额（万元）	2 600	8 800	14 500
最大竞争对手销售额（万元）	4 200	22 000	11 000
全国市场销售总额（万元）	32 000	84 000	64 000
近年全国市场增长率（%）	13	6	1

要求：

1. 由总经理的发言判断公司所采用的发展战略。

2. 根据财务总监的描述，按照销售百分比法分别计算公司 2023 年为满足营业收入增长 30% 所需要的流动资产增量和外部净筹资额。

3. 判断财务总监提出的外部净筹资额全部通过长期借款筹集的筹资战略规划是否可行，并说明理由。

4. 按照产品总监的论述，用波士顿矩阵分析公司的 A、B、C 三类产品分别属于何种产品，请给出判断依据。

案例分析题五（本题 10 分）考核企业成本管理

东南公司是一家化工企业，主要生产 A、B 两种产品，该公司生产环节引发的环境问题主要涉及废弃物搬运及弃置，焚化炉启动及运转等。东南公司自 2023 年以来逐步完善了环境成本的会计核算。相关资料如下：

（1）东南公司两种产品都对环境有不同程度的污染，对引起的环境污染每月需要发生 180 000 元的环境治理费用。A 产品月产量 50 000 件，B 产品月生产量 40 000 件。环境治理费用采用传统成本法核算间接环境成本，即将间接环境成本按用产量分配到不同产品成本中。

（2）随着我国低碳经济、绿色生产理念的普及，东南公司间接环境成本在产品成本中的比重逐年升高，通过传统成本法核算间接环境成本已不能适应"绿色化"战略转型的需要，东南公司决定采用作业成本法提高间接环境成本核算的准确性。相关资料如下表所示：

东南公司作业成本相关资料

作业成本库	消耗资源（万元）	成本动因	作业量	
			A 产品	B 产品
废弃物搬运成本库	20 000	搬运次数（次）	100	900
焚化炉启动成本库	40 000	启动次数（次）	40	60
焚化炉运转成本库	80 000	运转小时（小时）	600	400
废弃物弃置成本库	40 000	吨数（吨）	45	55

（3）为进一步加强环境成本管控，东南公司拟采取以下三项措施：①对因企业开业至今生产过程中遭受的环境资源损害给予修复。②对生产过程中所需的水源进行水质评估，对不达标的水质进行预处理，达标之后投入生产。③设立社会环境保护公共工程科研项目，就厂区周边的自然资源和环境进行保护性开发和维护问题进行研究，企业安排一部分自有资金预算对社会环境保护公共工程进行投资建设。

假定不考虑其他因素。

要求：

1. 根据资料（1），计算传统成本法下 A、B 两种产品各分摊多少环境治理费用。

2. 根据资料（2），计算作业成本法下 A、B 两种产品各分摊多少环境治理费用。

3. 根据资料（2），分析作业成本法下 A、B 两种产品中，哪种产品应作为废弃物搬运成本管理的重点，并说明理由。

4. 根据资料（3），从环境成本发生时间范围的角度，分别指出①～③项措施发生的成本所体现的环境成本类型。

案例分析题六（本题10分）考核企业并购

甲公司是一家国内知名的乳制品企业集团。公司一直坚持国际化发展和创新战略，整合国内外核心稀缺资源，开展全球全产业链创新合作，实现全球产业布局。2021年，经过前期调研考察，甲公司锁定一家澳大利亚的乳制品上市企业乙公司作为并购对象，两家公司之前不存在关联方关系。

（1）被并购企业概况。乙公司已在全球拥有10家工厂，公司旗下产品销售至60余个国家和地区，并已成功打入中国市场，其产品的市场占有率已位居中国婴幼儿配方奶粉的头部位置。乙公司一直坚持"全球产业链的整合与创新"战略，致力于在全球范围内从事高端乳品及营养食品的研发、生产和销售。公司已在荷兰、澳大利亚等全球"黄金奶源地"实现产能及市场布局，并通过整合优秀的乳业产业链资源，实现了全球资源优化配置的全产业链模式。

（2）并购估值与定价。根据独立第三方的尽职调查结果和出具的估值报告，结合市场交易价格，乙公司100%股权的公允价值约为160亿元，乙公司可辨认净资产的公允价值为120亿元。甲公司经审慎评估后认为，假设自行投资建设复制乙公司现有的资源和业务，至少需要200亿元；而假设本次并购成功，并购协同效应价值至少约为50亿元。经并购双方友好充分协商谈判，最后一致同意按10.06元/股的价格作为此次并购交易的实际成交单价，相较最近的市场成交价格溢价率约为14%。

（3）并购交易安排。首先，甲公司从乙公司的大股东手中受让乙公司30.89%的股权。同时，乙公司向甲公司定向增发3.44%的新增股份。两项交易完成后，甲公司累计持有乙公司约34.33%的股份，实际成交金额约62.45亿元。虽然并未实际拥有对乙公司的控制权，但由于持股比例已超过30%的限制，触发强制性要约收购的法定义务。所有其他股东均可在规定期限内按10.06元/股的统一价格转让给甲公司。要约收购截止日（2022年3月），甲公司完成对乙公司的全资收购，累计交易金额共计约182亿元。此次并购交易发生的直接相关费用共计0.8亿元，全部由甲公司承担。

（4）并购后整合。收购完成后，甲公司充分尊重乙公司原有的企业文化，依旧维持乙公司的独立法人地位，相对独立运营和管理。同时，甲公司根据总体的发展战略考虑，主导对乙公司的战略进行了优化调整，优先支持和拓展中国市场和全球优质奶源基地布局，并制定了高标准的绩效考评指标体系和配套的激励措施。

假设不考虑其他因素。

要求：

1. 根据资料（1），请判断甲公司并购乙公司的并购动机。

2. 根据资料（2）和（3），请分析计算甲公司的并购溢价、并购净收益和托宾Q值，并判断此次并购在财务上是否可行。

3. 根据资料（2）和（3），请分析判断适用的合并会计核算方法，并计算合并商誉金额。

4. 根据资料（3）和（4），请分析判断甲公司并购乙公司的并购类型，并说明理由。

5. 根据相关资料（4），请判断此次企业并购后整合所选择的策略类型。

案例分析题七（本题 10 分）考核企业会计财务相关问题

甲公司为上交所上市的大型企业集团，公司研发和生产的低碳环保高分子新材料及其产品主要应用于智能家居、通信、家用电器、汽车汽配等领域。随着公司规模的不断扩大，财务管理中效率低下、成本高企、管理失控等问题愈加突出。为此，甲公司就构建财务共享服务、业财融合以及财会监督召开专题会。下面是部分参会人员的发言要点：

（1）董事长：得益于信息技术的快速发展，共享服务正在打破企业管理的组织边界、地理边界的约束，推进组织再造、管理变革和商业模式创新，成为企业转型升级的一个重要手段。财务共享作为企业集团在组织中进行一项财务管理变革，适用于我们这类跨国、跨地区的大型企业集团，以实现降低财务管理成本、提高财务工作效率、保证会计信息质量、加强财务视角管控、提升财务服务体验度。我们应该与时俱进，尽快构建财务共享服务中心。

（2）财务总监：财务共享服务在财务核算、报表分析、资金管理、费用报销、纳税申报等财务管理领域得到广泛应用。要实现优化资源配置、降低企业成本、提高管理效率等成效，就应对构建财务共享服务中心后的集团公司财务职能进行合理分配。我建议：财务共享服务中心除承担全集团财务核算职能外，还应承担财务分析职能和税务处理职能，尽可能发挥企业数据中心的作用；集团公司财务管理部门主要职能是政策规范制定、管理会计、内部稽核、税务筹划；分、子公司财务部门的职能是投融资、内控执行以及业务支持。

（3）信息中心主任：随着"大智移云"等新技术的发展，为企业集团财务共享服务带来了新的解决方案，企业可以通过 SaaS 云软件优化财务共享服务，促使财务处理不断向自动化、智能化、无纸化方向发展，促进业务和财务的深度融合。我认为：①SaaS 云软件的发展，使得企业集团在业务处理上，不仅可以打通内部业务端和财务端，实现信息集成；还可以帮助企业与外部单位有效连接，实现信息交互，提升财务处理的自动化程度。②业财融合是企业管理中的理念，也是原则，通过业务部门与财会部门之间的信息共享和管理协同，推动企业整体效益的提升；而企业的整体效益都体现在财务部门的工作成果（利润表）中，因此，业财融合更强调业务部门主动为财务部门服务，为财务部门反映经营者业绩提供更多的支持。③业财融合的根本目标是在优化企业管理的前提下，通过财务部门充分揭示企业创造的价值，实现财务报告中企业经济效益的提升。

（4）纪委书记：面对复杂的经济形势和反腐倡廉的严峻局面，财会监督更显得迫切和必要。我说两点：①关于财会监督的总体原则，一定要以习近平新时代中国特色社会主义思想为指导，以财会监督为主导，突出经济属性，严肃财经纪律，健全财会监督体系，提升财会监督效能，促进财会监督与其他各类监督贯通协调。②做好财会监督，必须提出一些工作要求，比如财会监督工作者应增强问题意识、敢于承认问题，高度正视问题，针对重点领域多发、高发、易发问题和突出矛盾，分类别、分阶段精准施策，强化对公权力运行的制约和监督，建立长效机制，提升监督效能。

假定不考虑其他因素。

要求：

1. 根据资料（1），指出董事长发言是否存在不当之处；如存在不当之处，请指出不当之处，并说明理由。

2. 根据资料（2），分别指出财务总监建议①～②是否恰当；如不恰当，请说明理由。

3. 根据资料（3），指出信息中心主任发言①体现的是 SaaS 云软件带来的哪些革新。

4. 根据资料（3），分别指出信息中心主任发言②～③是否存在不当之处；如存在不当之处，请指出不当之处，并说明理由。

5. 根据资料（4），指出纪委书记发言①～②是否恰当；如不恰当，请指出不当之处，并说明理由。

案例分析题八（本题 20 分，第八题、第九题为选答题，考生应选其中一题作答）考核金融工具会计 + 并购会计

甲公司是一家在深圳证券交易所上市的中小市值中央企业，注册资本为 5 000 万股。公司主营业务产品为精密级进冲压模具、电机铁芯、锂电池精密机构件。面对新冠疫情后将经济增长放在第一位的有利局面，甲公司决定抓住机遇，加大筹集资金、股权激励、企业并购等力度，加速企业发展。下面是采取的一部分措施：

（1）关于筹集资金。甲公司采取各种手段筹集资金，生产更多产品，满足社会需求：

①甲公司与 A 基金公司于 2024 年 2 月 1 日签订协议，甲公司向 A 基金公司定向增发股票，发行普通股 2 000 万股，发行价为每股 5 元（每股面值 1 元），融资 1 亿元。同时签订对赌协议：如果甲公司自该股票发行之日起 4 年内不能成功 IPO，则甲公司必须按照原价 1 亿元赎回该股票。甲公司发行的该股票，其可以自行决定是否派发股利。据此，甲公司在会计处理时，将该工具分类为权益工具。

②甲公司发行永续债"2024 年度第一期中期票据"，金额为 30 亿元，没有固定到期日。关于该永续债的续期选择权、利率跳升、强制付息等相关合同约定及其他情况如下：

a. 续期选择权。在该永续债每个重定价周期末，发行人有权选择将其期限延续 5 年，或选择在该重定价周期末全额兑付此永续债。

b. 利率跳升。甲公司的永续债利率跳升次数有限，其所在市场同期同行业同类型工具的平均利率跳升幅度为 300 个基点。甲公司永续债将利率控制在当期基准利率初始利差加 300 个基点水平，封顶利率未超过市场同期同行业同类型工具的平均利率。

c. 破产清算。甲公司永续债的本金和利息在破产清算时的清偿顺序劣后于发行方发行的普通债券和其他债务。

d. 强制付息。付息日前 12 个月内，发生以下事件的，发行人不得递延当期利息以及按照本条款已经递延的所有利息及其孳息：向股东分红；减少注册资本。

e. 利润上缴。甲公司每年按照国有资产监督管理委员会、财政部的文件申报并上缴国有资本收益。国有资本收益包括应交利润，国有股股息、股利等，应交利润金额为按照应交利润基数乘以 10% 申报并上缴。

据此，甲公司在会计处理时，将其发行的"2023 年度第一期中期票据"分类为权益工具。

（2）关于出售金融资产。

①2024 年 1 月 5 日，甲公司根据与工商银行的战略合作协议，将应收账款账面余额 5 000 万元出售给工商银行，收取价款 4 850 万元。保理协议约定：如果工商银行到期无法收回，工商银行有权向甲公司追偿。甲公司考虑到该应收账款为优质债权，未计提坏账准备。据此，甲公司终止确认了该应收账款，并确认金融资产转让损失 150 万元计入了当期损益。

②2024 年 2 月 8 日，甲公司将其持有的账面价值为 800 万元的万科公司股票（分类为交易性金融资产）出售给乙公司，收取价款 1 000 万元。同时与乙公司签订看跌期权合约，甲公司收取期权费后，乙公司有权在 1 年到期时，按照约定价格将该股票返售给甲公司。甲公司根据股市行情判断，1 年到期时该股票的市场价格很可能高于约定价格，属于深度价外期权。据此，甲公司未终止确认该金融资产，将收到的 1 000 万元确认为金融负债。

（3）关于股权激励。甲公司为了健全公司长效激励机制，吸引和留住优秀人才，充分调动公司中高层管理人员和核心技术（业务）骨干的积极性，由公司薪酬委员会制定了股权激励计划，部分条款如下：①考虑到公司处于成长初期，决定采取股票期权作为股权激励方式。②激励对象包括上市公司的董事、高级管理人员、核心技术人员和核心业务人员（不包括独立董事和监事，也没有持股 5% 以上的股东），首次实施股权激励计划授予的权益数量为 200 万股。③授予日为 2024 年 1 月 15 日，行权限制期为 3 年，行权有效期为 2 年。④为了确保激励对象有足够的财务能力能够到期行权，甲公司决定对发生财务困难的激励对象提供贷款担保。⑤甲公司应当在召开股东大会前公示激励对象的姓名和职务，公示期不少于 5 日；并在股东大会审议股权激励计划前 5 日披露监事会对激励名单审核及公示情况的说明。⑥一旦股权激励方案获得股东大会通过，甲公司将在等待期内的每个资产负债表日，以对可行权权益工具数量的最佳估计为基础，按照权益工具在授予日的公允价值，将当期取得的服务计入相关资产成本或当期费用，同时计入资本公积（其他资本公积），但不确认其后续公允价值变动的影响。

（4）关于企业并购。

①2024年2月1日，甲公司以发行500万股普通股为对价，从丙公司处购买其所持乙公司90%的股权，当日办理了股权过户登记手续。甲公司所发行股份的面值为每股1元，公允价值为每股20元。另外，甲公司以银行存款支付与乙公司股权评估相关的费用80万元。

2024年2月1日，乙公司净资产账面价值为8 500万元，其中，股本4 500万元，资本公积500万元，盈余公积2 600万元，未分配利润900万元；可辨认净资产的公允价值为11 000万元。当日，甲公司对乙公司的董事会进行改选，能够控制乙公司。

②甲公司购买乙公司股权前，乙公司为甲公司的常年客户，除此之外，甲公司与丙公司和乙公司不存在其他关系。

③乙公司的各项资产和负债构成业务。

（5）关于合并财务报表编制。

2024年12月31日，甲公司将乙公司纳入合并范围。在编制合并财务报表时，采取了如下做法：

①甲公司专利技术的摊销年限为6年，乙公司专利技术的摊销年限为8年。甲公司根据统一母子公司会计政策的要求，将乙公司专利技术的摊销年限调整为6年。

②甲公司、乙公司在2024年度发生了大量的交易。其中，乙公司于2024年5月1日从甲公司租入管理用电脑，每月支付租金2 500元，至年末已经支付租金2万元。鉴于该租赁属于低价值资产租赁，乙公司选择采用简化方法进行了会计处理，将租金费用计入管理费用；而甲公司将租金收入计入了营业收入。甲公司在编制2024年合并财务报表时，对于该内部交易未作抵销处理。

假定不考虑税费和其他因素。

要求：

1. 根据资料（1），分别指出甲公司①和②的会计处理是否正确；如不正确，分别说明理由。

2. 根据资料（2），分别指出甲公司①和②的会计处理是否正确；如不正确，分别说明理由。

3. 根据资料（3），逐项判断甲公司股权激励计划草案中①～⑥条款是否存在不当之处；对存在不当之处的，分别说明理由。

4. 根据资料（4），回答下列问题：

①判断甲公司并购乙公司按照企业合并类型划分属于什么类型，并说明理由。

②计算甲公司并购乙公司的合并成本。

③计算甲公司并购乙公司的商誉。

④指出购买日编制甲公司合并报表时，应用何种价值将乙公司资产、负债并入甲公司的合并报表。

5. 根据资料（5），分别指出甲公司在编制合并财务报表时①和②的处理是否正确；如不正确，请说明理由。

案例分析题九（本题 20 分）考核行政事业单位预算与财务管理

甲单位为一家中央级事业单位，2024 年 3 月，甲单位总会计师组织召开由本单位财务、采购、资产管理、内部控制等部门相关人员参加的工作会议，针对本单位预算管理、资产管理、政府采购、内部控制等方面工作进行研究。部分参会人员发言要点如下：

（1）财务部张处长：本单位主要从事基础研究、战略高技术相关研究，引领我国科学技术跨越发展，重点解决我国现代化建设中的基础性、战略性、前瞻性重大科技问题。为了确保把工作落到实处，应该做好部门预算的编制、执行以及预决算的公开工作。我建议：①本单位于 2024 年 3 月 20 日收到部门批复的预决算，应在 4 月 20 日前在本单位门户网站公开，必须将责任落实到人。②部门预决算公开的内容应包括部门批复的单位预算、决算及报表，其中单位预算、决算应当公开基本支出和项目支出；单位在公开预决算时，要对本单位职责及机构设置情况、预决算收支增减变化、运行经费安排、"三公"经费、政府采购等重点事项作出说明。

（2）财务部谭会计：本单位有幸被有关部门选为中央财政预算管理一体化建设试点单位，由我负责落实具体工作。我建议：①本单位资金支付应实行全流程电子化管理，通过中央预算管理一体化系统办理业务。②除单位资金中按往来收入管理的资金外，其他资金支付坚持先有预算后有支出，根据预算指标、国库库款或有关账户余额情况拨付资金。③在目前"过紧日子"背景下，财政拨款资金和单位其他资金均应当编制用款计划，以便有序安排相关支出，实现资金均衡使用。

（3）采购中心林主任：国家提出"碳达峰""碳中和"这一重大发展战略，最近本单位正在筹建植物高效碳汇国家重点实验室，期望通过研究，充分发挥出植物的固碳能力，由此对政府采购提出了新需求。我建议：按照"先预算、后计划、再采购"的工作原则，根据本单位实际需要和相关标准编制政府采购预算，按照已批复的预算安排政府采购计划，实现预算控制计划，计划控制采购，采购控制支付。

（4）国有资产管理处郭处长：随着本单位事业发展，国有资产规模越来越庞大，国有资产管理处作为各种资产的归口管理部门，应明确国有资产的调剂、租借、对外投资、处置的程序、审批权限和责任。我建议：①处置单位价值或批量价值（账面价值）800 万元以上（含 800 万元）的国有资产，应当经各部门审核同意后报财政部审批。②国有资产处置收入，应当在扣除相关税金、资产评估费、拍卖佣金等费用后，按照规定纳入预算，统一核算，统一管理。③进行资产清查，将本单位闲置资产捐赠给本部门所属的兄弟单位，以缓解资金紧张困难，共渡难关。④建立资产信息管理系统，做好资产的统计、报告、分析工作，实现对资产的动态管理。

（5）总会计师：本单位紧密围绕国家战略需求和科学前沿的重大问题，聚焦基础研究与学科交叉的源头创新，组织实施重点项目。我建议：①要加强预算绩效日常监控工作，将绩效监控范围涵盖一般公共预算、政府性基金预算和国有资本经营预算的所有项目支出。②监控内容包括绩效目标完成情况、预算资金执行情况、重点政策和重大项目绩效延伸监控。③采用敏感分析法，对重点项目目标完成、预算执行、组织实施、资金管理等情况进行分析评判，将监控结果作为以后年度预算安排和政策制定的参考。

假定不考虑其他因素。

要求：

根据国家部门预算管理、预算绩效管理、政府采购、国有资产管理、内部控制等有关规定，回答下列问题：

1. 根据资料（1），分别判断财务部张处长建议①～②是否存在不当之处；对存在不当之处的，分别说明理由。

2. 根据资料（2），分别判断财务部谭会计建议①～③是否存在不当之处；对存在不当之处的，分别说明理由。

3. 根据资料（3），判断采购中心林主任建议是否存在不当之处；对存在不当之处的，分别说明理由。

4. 根据资料（4），分别判断国有资产管理处郭处长建议①～④是否存在不当之处；对存在不当之处的，分别说明理由。

5. 根据资料（5），分别判断总会计师建议①～③是否存在不当之处；对存在不当之处的，分别说明理由。

2024 年度高级会计资格
《高级会计实务》全真模拟试题（二）

案例分析题一（本题 15 分）考核战略＋投融资

A 企业集团是一家国有上市公司，公司的 2023 年度财务报表主要数据如下表所示。

2023 年度财务报表　　　　　　　　　　　　　　　　单位：万元

项目	金额
收入	1 000
税后利润	100
股利	40
留存收益	60
负债	1 000
股东权益（200 万股，每股面值 1 元）	1 000
负债及所有者权益总计	2 000

公司董事长在 2024 年初工作会议上提出：当前市场需求以较大的幅度增长，外部环境提供了较多的发展机遇，公司发展要进一步聚焦主业，通过渠道整合并实现产业升级等举措。根据公司战略发展需要，当前在韩国有一家企业正在出售，这家企业在全球都具有销售渠道，公司可以通过收购这家公司实现销售渠道的整合。

然而总经理在工作会议上认为，公司外部市场环境发展并不意味着公司必然采用如此扩张发展的模式。当前外部融资市场环境并不十分理想，盲目做大并不可取。根据公司财务部预测，公司预计在 2024 年的销售增长率是 10%。目前公司拟通过提高销售净利率的方式来解决资金不足的问题。

财务总监认为，公司旗下还存在大量投资性房地产业务，占公司总资产的 20%。如果公司未来需要进一步聚焦主业，这部分投资性房地产可以对外出售，从而获得企业发展所需要的资金。

财务经理则指出，公司目前资金管理效率较低，为了进一步提升管理效率，未来公司可以考虑在总部设立专门的资金管理机构，负责办理内部各成员企业的现金收付和往来结算业务。

要求：

1. 计算该公司的可持续增长率。

2. 董事长发言中，表明公司将采用何种发展战略（包括细分战略）？

3. 总经理认为，公司外部市场环境发展并不意味着公司必然采用如此扩张发展的模式，分析该说法是否正确并给出理由。若按照总经理的观点，公司应采用何种发展战略？

4. 根据总经理的说法，公司预计要实现10%增长率，应该要确保多少利润率水平才能实现目标？（计算分析时假设除正在考察的财务比率之外其他财务比率不变，销售不受市场限制，销售净利率涵盖了负债的利息，并且公司不打算发行新的股份）

5. 公司财务总监的观点，反映了其希望采用哪种融资模式？

6. 财务经理提及的集团资金管理模式属于哪种类型？集团资金管理有哪些好处？

案例分析题二 （本题10分）考核企业全面预算管理＋企业绩效评价

甲公司是一家从事服装生产和流通的大型上市公司。随着互联网电商平台销售模式不断成熟，传统的销售模式受到了挑战，更加加剧了未来销售量的不确定性。2022年，甲公司计划通过升级管理信息系统，构建大数据业务平台夯实实施预算管理和绩效管理的基础，其主要做法如下：

（1）预算编制与下达。2022年之前，甲公司总经理以过去3年的财务数据为基础，仅通过基数加增长的方法编制预算，并以领导个别谈话的方式直接向各预算单位负责人下达年度预算指标并要求严格执行；2022年，伴随着组织架构调整工作的正式结束，甲公司制定了"三下两上"的新预算政策编制流程，各预算单位主要预算指标经上下沟通后形成。

（2）预算目标确定。结合2021年12月，为落实董事会对集团公司2022年对成本控制和经营业绩预算的总体要求，甲公司决定克服新冠疫情带来的不利影响，2022年的营业成本费用要在2021年1 000亿元的基础上压减一半，成本费用利润率要在2021年15%的基础上增长一倍，达到行业最高水平30%。

（3）预算控制。除对重点预算项目进行严格管理外，将年度预算分解为季度和月度预算进行控制，对于收入、利润总额等关键性指标的实现情况，按月、周甚至进行实时跟踪，并对其发展趋势作出科学合理的预测，提高事前控制的能力。对于非重点项目尽量简化审批流程。

（4）在预算调整程序上，2022年8月，甲公司下属的国内业务事业部和国际业务事业部分别以新冠疫情影响为理由递交了预算调整书面申请，在申请中主要陈述了预算调整的理由。预算管理委员会办公室在收到申请之后，在授权范围内分别批准了两部门预算调整的申请。

（5）绩效评价。集团按照创建世界一流财务管理体系的方向，建立以资产负债率、净资产收益率、自由现金流、经济增加值等关键指标为核心的财务边界。已知甲公司平均总资产为 65 000 万元，平均在建工程为 3 500 万元，加权平均资本成本率为 10%，税后净营业利润为 10 000 万元。

假定不考虑其他因素。

要求：

1. 根据资料（1），指出甲公司 2022 年之前的预算工作是否有不当之处，若有，请说明理由。指出 2022 年前后分别采取何种预算编制方式类型。

2. 根据资料（2），指出甲公司预算目标制定中是否有不当之处，若有，请说明理由。计算甲公司 2022 年成本费用及利润总额的预算目标值。

3. 根据资料（3），指出甲公司遵循了哪些预算控制原则，并列举其他预算控制原则。

4. 根据资料（4），指出甲公司下属机构提出的预算调整理由和程序运用是否恰当；如不恰当，请说明理由。

5. 根据资料（5），指出甲公司关键业绩指标的类型，计算经济增加值。

案例分析题三（本题 10 分）考核企业风险管理与内部控制

甲公司是一家以不动产投资开发为主、围绕美好生活服务和产业金融服务开展相关业务布局的大型、综合性企业集团，业务范围涵盖房地产开发与销售、物业服务、全域化管理、不动产金融等。为保障企业健康持续发展，甲公司于 2024 年 1 月召开了有关风险管理与内部控制的会议，部分内容要点摘录如下：

（1）董事长：目前国内经济面临需求收缩、供给冲击、预期转弱三重压力，GDP 增速放缓、居民消费信心不足；同时，部分房企出现了到期债务无法偿付的情况，并导致部分项目出现停工、无法按期交付等问题，给行业信用带来了较为严重的负面影响。为此，我建议：①要从企业整体角度进行风险分析，不仅要分析单一风险的可能性和影响程度，而且要关注风险之间的关系，考虑整个企业层面的组合风险，特别是各单元均未超过风险容忍度，但组合在一起超出整体风险容忍度的情况。②更多采用风险矩阵坐标图进行风险描述，在合理的范围内，通过改变输入参数的数值来观察并分析相应输出结果，评价潜在事件的正常或日常变化的影响，以便进行精确的量化分析。

（2）总经理：随着住房回归居住属性，居民诉求从"有住房"转向"住好房"，也将带来充裕的改善性需求；同时，住房供应体系的不断丰富，也为行业发展提供了结构性机会。为此，我建议采取下列应对策略控制风险：①面对政策、市场环境不断发生变化，公司在优秀人才吸引上存在较大挑战，特别是地产行业对年轻员工的吸引力明显减弱。上年公司制定了人才培育"一盘棋"工作计划，围绕基层服务力提升、专业力培训、奋斗者发掘开展了系列工作，将培训资源向基层奋斗者倾斜，给基层奋斗者提供培训、成长空间以及发展机会。这些措施被证明是行之有效的，2024年将继续采用。②受多重因素影响，房地产销售大幅下滑，大量房企面临债务偿还风险。本公司应积极开拓融资渠道、优化支出额度、保持信用评级，保障公司现金流安全，降低发生财务风险的概率，有效控制财务风险。③在项目开发过程中，安全意外事故、自然灾害、恶劣气候等因素，均可能带来工程进度、项目成本、房屋质量和客户满意度等风险，对公司经营业绩和品牌声誉造成影响。本公司应谨慎投资，禁止在自然环境恶劣的地区开发房地产项目。

（3）风险管理部部长：风险管理重在落实。我建议：①公司积极健全风险管控机制，风险管理职能部门和董事会下设的风险管理委员会作为风险管理的第一道防线，有关职能部门和业务单位是风险管理的第二道防线，内部审计部门和董事会下设的审计委员会是第三道防线，形成多业务线联动机制，夯实公司发展基础。②不断完善风险评估和管理体系，企业根据风险管理职责设置风险管理考核指标，并纳入企业绩效管理，建立明确的、权责利相结合的奖惩制度，以保证风险管理活动的持续性和有效性。

（4）公司董秘：在董事会、监事会、管理层及全体员工的持续努力下，公司已经建立起一套比较完整且运行有效的内部控制体系，从公司层面到各业务流程层面均建立了系统的内部控制及必要的内部监督机制，为公司经营管理的合法合规、资产安全、财务报告及相关信息的真实、完整提供了合理保障。我强调：①内部控制应当在治理结构、机构设置及权责分配、业务流程等方面相互制约、相互监督，对于履行内部控制监督职责的机构或人员应具有良好的独立性。②内部审计部门应充分利用积累的丰富审计经验，制定和优化内部控制手册，并对内部审计中发现的问题有畅通的沟通渠道，确保重要信息能及时传递给董事会、监事会和经理层。

（5）内部审计部主任：公司坚持以风险导向为原则，进一步加强覆盖总部、各业务单位的评估体系，每年开展内部控制自我评价和内部控制审计。我建议：①企业董事会应当定期对内部控制的有效性进行全面评价、形成评价结论、出具评价报告，纳入评价范围的事项包括内部环境、风险评估、控制活动、信息与沟通、内部监督。②聘请A会计师事务所出具内部控制审计报告，对财务报告内部控制和非财务报告内部控制进行全面评价。③公司应按照《企业内部控制基本规范》《企业内部控制应用指引》的规定，建立健全和有效实施内部控制，如果公司存在一项或多项重要缺陷，并且审计范围没有受到限制，将被注册会计师出具内部控制否定意见的审计报告，就会对公司声誉产生重大不利影响。

假定不考虑其他因素。

要求：

根据《企业内部控制基本规范》及其配套指引和企业风险管理相关要求，回答下列问题：

1. 根据资料（1），逐项指出董事长发言①和②项中是否存在不当之处；对存在不当之处的，分别说明理由。

2. 根据资料（2），逐项指出总经理建议①~③项中甲公司采取的风险应对策略类型。

3. 根据资料（3），逐项判断风险管理部部长发言①和②项中是否存在不当之处；对存在不当之处的，分别说明理由。

4. 根据资料（4），逐项指出公司董秘发言①和②项中是否存在不当之处；对存在不当之处的，分别说明理由。

5. 根据资料（5），逐项指出内部审计部主任发言①~③项中是否存在不当之处；对存在不当之处的，分别说明理由。

案例分析题四（本题 15 分）考核企业绩效评价 + 企业并购

（1）甲公司是一家从事重型机械制造的企业，经过多年的发展，其挖掘机、大型卡车和模具等重型产品逐步赢得了市场认可，市场占有率不断提高。甲公司 2022 年末总资产 120 亿元，所有者权益 40 亿元。

（2）2023 年初，公司董事会经过综合分析后认为，公司目前已经进入成长期，结合公司目前发展态势以及所处的发展阶段，公司董事会确定了今后五年的发展战略：为扩大产能规模，拟收购本地区同行业从事类似业务的乙公司 100% 股权，并购后乙公司将被解散（两家公司之前不存在关联方关系）。通过本次并购，将提高公司产量和市场占有率，实现公司的可持续增长。

乙公司的相关资料如下表所示：

资产负债表

编制单位：乙公司　　　　　　　　2022 年 12 月 31 日　　　　　　　　单位：万元

资产	年末余额	负债和股东权益	年末余额
流动资产：		流动负债：	
货币资金	15 600	短期借款	0
应收票据	800	应付账款	10 000
应收账款	32 000	应付职工薪酬	6 500
其他应收款	9 700	应交税费	13 500
存货	11 900	流动负债合计	30 000
流动资产合计	70 000	非流动负债：	
非流动资产：		长期借款	45 000
长期股权投资	3 000	应付债券	29 000
固定资产	123 800	非流动负债合计	74 000
在建工程	1 800	负债合计	104 000
无形资产	1 400	股东权益	96 000
资产总计	200 000	负债和股东权益总计	200 000

利润表

编制单位：乙公司　　　　　　　　　　2022 年度　　　　　　　　　　单位：万元

项目	本年金额
一、营业收入	300 000
减：营业成本	264 400
税金及附加	2 800
销售费用	2 200
管理费用	4 600
其中：研究与开发费用	1 000
财务费用	11 000
其中：利息支出	10 000
资产减值损失	0
加：公允价值变动收益	0
投资收益（来自联营企业）	5 000
二、营业利润	20 000
加：营业外收入	0
减：营业外支出	0
三、利润总额	20 000
减：所得税费用	6 400
四、净利润	13 600

其他相关资料：

①乙公司当前的有息债务总额为 74 000 万元，均为长期负债；目前公司持有的超过营运资本需求的现金为 5 000 万元；本年度固定资产折旧额为 10 000 万元；公司加权平均综合资本成本率（WACC）为 10%，企业所得税税率为 25%。

②并购双方初步确定 100% 股权收购价格为 150 000 万元，与乙公司最接近的竞争者 A 公司的 P/E 为 10.8 倍；EV/EBITDA 为 6 倍。

（3）为了解决并购资金以及后续业务发展的资金缺口，甲公司财务部提出以下融资方案：方案一：向战略投资者进行定向增发新股；方案二：向银行举借长期借款。

（4）并购完成后，甲公司基于公司整体发展战略和增强核心竞争力考虑，进一步加强优化企业绩效考评和绩效激励机制建设。

假定不考虑其他因素。

要求：

1. 根据资料（1）和（2），请判断该并购属于哪种方式。（至少两种方式）

2. 根据资料（2），请分析计算乙公司 2022 年度的经济增加值。

3. 根据资料（2），请按照拟订的收购价格计算乙公司的收购市盈率 P/E。

4. 根据资料（2），请按照拟订的收购价格计算乙公司的企业价值 EV。

5. 根据资料（2），请按照拟订的收购价格计算乙公司的 EV/EBITDA。

6. 根据资料（2），请参照对比公司 A 的财务指标，判断本次收购价格是否合理。

7. 根据资料（3），请依据备选融资方案说明两种融资方案中哪一种较优，并说明理由。

8. 根据资料（4），请阐述企业绩效管理的原则，以及绩效目标制定的基本原则。

案例分析题五（本题 10 分）考核企业成本管理

甲公司是一家大型电子设备生产企业。2023 年为甲公司的成本管理年，公司董事会提出"加强成本管理、提升企业效益"的口号。为此，公司专门召开成本管理专题工作会议，讨论企业成本管理工作。详细资料如下：

（1）甲公司计划增加一款新产品，由于该产品系买方市场，因此企业无法决定该产品的市场售价。经过市场调查后得知，该产品的市场售价定为 37 200 元能够适应市场需求。经过研究，销售成本率为 50% 符合企业的利润预期。如果按照 500 台的试产量计算，每单位产品分摊的固定非生产成本为 10 000 元，没有非生产性变动成本发生。

（2）甲公司根据新产品的目标成本结构制定出该产品的计划成本标准如下：

新产品的计划成本标准　　　　　　　　　　　单位：元

成本项目	单位耗用	单价	单位成本
直接材料	90	80	7 200
直接人工	80	70	5 600
变动制造费用	70	60	4 200
固定制造费用			1 600
成本合计			18 600

该新产品在 2023 年 2 月进行试制，试制的成本为 21 020 元。

（3）甲公司试制成功后该新产品销路很好，公司随即扩大了生产能力，10 月底，最佳产能已经投产，11 月，某大客户提出在全年订购合同全部执行完的基础上，追加订购 20% 相同规格型号的产品，但是提出要求在原合同价的基础上降价 50%。经过财务测算，如此低合同的单价将导致该合同出现亏损，但是该合同的总边际贡献仍大于零。

如未特别说明，成本计算方法按完全成本法。

要求：

1. 根据资料（1）和（2），计算该新产品的目标成本和销售利润率。

2. 根据资料（1）和（2），指出是否应该批准该新产品批量生产，并陈述理由。

3. 根据资料（2），按照变动成本法，计算该新产品的成本以及计划的单位产品边际贡献。

4. 根据资料（3），指出甲公司是否应该接受该笔订单，并说明理由。

案例分析题六（本题10分）考核企业会计财务相关问题

甲公司是一家上海证券交易所上市的大型国际集团，拥有众多的分、子公司，是国内领先的轻型车整体运营解决方案提供商，主营业务包括传统燃油汽车轻卡、客车等产品平台以及新能源汽车。庞大的组织和广阔的地域分布给集团公司的财务管理带来了挑战，突出表现在会计处理效率低下、会计信息的可靠程度降低、会计处理成本居高不下、企业集团管控力度降低。为此，甲公司拟充分利用高速发展的信息技术筹建财务共享服务中心解决财务痛点。2024年2月，甲公司召开了财务共享服务建设、业财融合和财会监督专题研讨会，就会计财务相关问题展开谈论。下面是部分发言要点：

（1）财务部经理：在信息化时代建设财务共享服务是一项财务管理变更，我建议：①将各分、子公司财务核算人员分离出来，统一集中到新筹建的财务共享服务中心，制定统一的服务流程和服务标准，依靠影像系统解决会计凭证的异地传递问题，为各分、子公司提供专业化财务核算服务。考虑到我们集团公司只有传统燃油车和新能源汽车两个业务板块，而且均属于汽车制造，只需要在全集团筹建一个财务共享服务中心，财务核算覆盖集团公司所有分、子公司，不需要再建立不同板块业务的财务共享服务中心。②由于筹建初期尚处在探索阶段，服务质量有待提高，财务共享服务中心对分、子公司提供专业化服务时，暂不收取费用，但应加强各种费用支出的管控。

（2）会计部经理：企业集团建设财务共享服务是一个系统工程，必须有长远的战略规划、科学地制定方案并加以落实才能实现既定目标。在建设过程中需要考虑和评估很多内容，比如：①明确财务共享服务的战略定位，确定财务共享服务的根本建设目标，通常包括提高业务处理效率、降低成本、加强管控、推进数字化转型等，企业可以根据自己的情况进行选择。②在确定财务共享服务中心选址时，应在考虑建设的财务共享服务中心的种类的基础上，同时考虑备选区域的阳光强度、居民富裕状况、市场化程度和法治建设情况等因素。③信息系统是财务共享服务实施的载体，企业应完全摒弃原有的ERP系统，建设独立于业务流程的信息系统，这样才能提高运行效率。

（3）贾会计：会计核算系统是会计核算板块的核心部分，其前端连接网上报账系统进行数据抽取，生成会计核算数据；并与资金管理系统相连接，从而实现结算资金信息的传递，包括将待结算资金信息传给资金管理系统进行结算，以及接收已结算资金信息生成新的会计核算信息；同时，还将会计核算数据传给合并报表系统、税务管理系统和电子会计档案系统以完成相关业务活动。比如：①费用报销子系统完成对各种费用的计量，进行费用明细统计、分析等工作，帮助相关人员进行有效的费用管理。②采购与付款管理子系统完成对各种应付账款的记录，进行应付账款账户统计、核销等工作，帮助相关人员进行有效的应付账款管理。

（4）吴会计：企业要拥抱大数据时代，积极探索以大数据为基础的解决方案，扎实推进数据处理从财务数据到整体数据、从精确性到方向性、从因果关系到相关关系的转变，推动财务共享服务向战略支撑、业财融合、风险控制等纵深领域发展。我认为：①财务共享服务中心将成为企业自动控制中心，作为企业的神经中枢，掌控企业集团的运行。②财务共享服务中心将更多采用机器人流程自动化（RPA），其优点是可以自动实现业财融合、进行职业判断、对复杂的经济业务进行自主决策。

（5）财务总监：我们集团公司规模庞大，可以通过业财融合实现高效运转。业财融合要求企业的财务职能融入企业运营系统之中，业财融合的内容应该包括战略制定、经营规划、业务运行和控制、业绩评价等层面的深度融合。我建议：①在战略的评价和选择时，不同的战略将导致不同的结果，企业在战略制定中可能会有多种方案，需要通过各种测算来评价战略的适宜性和可行性，财会部门应参与测算；同时财会部门还应提供战略评价的标准，如投资项目最低报酬率标准等，助力高层管理者进行决策。②在预算编制的环节，应以财务战略为根本，按照业财融合的思想，调动业务部门的积极性，基于客户基础、业务交易结构及相关业务预测数据来编制预算，任何一个预算数字都必须体现业务经营目标及具体行动方案。

（6）审计总监：财会监督十分重要，新时代财会监督体系可以划分为五道防线，进一步扩展了财会监督的监督主体和体系。我建议：①单位内部财会监督是单位内部承担财会监督职责的机构或人员，以本单位经济业务、财务管理、会计行为为监督对象的日常监督机制，应作为财会监督的第一道防线。②各级财政部门作为本级财会监督的主责部门，牵头组织对财政、财务、会计管理法律法规及规章制度执行情况的监督，应该作为财会监督的第二道防线。

假定不考虑其他因素。

要求：

1. 根据资料（1），分别指出财务部经理发言①~②，分别按覆盖范围、运作模式划分的类型，并说明理由。

2. 根据资料（2），分别指出会计部经理发言①~③是否存在不当之处；如存在不当之处，分别说明理由。

3. 根据资料（3），分别指出贾会计发言①和②是否存在不当之处；如存在不当之处，分别说明理由。

4. 根据资料（4），分别指出吴会计发言①和②是否存在不当之处；如存在不当之处，分别说明理由。

5. 根据资料（5），分别指出财务总监建议①和②是否恰当；如不恰当，说明理由。

6. 根据资料（6），分别指出审计总监建议①和②是否恰当；如不恰当，说明理由。

案例分析题七（本题10分）考核行政事业单位预算与财务管理

甲单位为一家中央级事业单位，2024年1月，甲单位总会计师组织召开由本单位财务、采购、资产管理等部门负责人参加的工作会议，针对本单位预算管理、政府采购、资产管理、内部控制等方面工作进行研究。相关人员发言要点摘录如下：

（1）财务处刁处长：部门预算体现了国家的战略和政策，是推进国家治理体系和治理能力现代化的重要支撑。为做好预算执行工作，我建议：①执行中发生的非财政补助收入超收部分，原则上不再安排当年的基本支出，可报财政部批准后，安排项目支出或结转下年使用；发生的短收，应当报经财政部批准后增加当年财政补助数，及时补足经费缺口。②本单位作为预算管理一体化试点单位，财政拨款资金应当编制用款计划，月度用款计划当月开始生效，当年累计支付金额（不含单位资金支付金额）不得超过当年累计已批复的用款计划。③加强预算绩效管理，开展项目支出绩效评价，自评指标的权重统一设置为：预算执行率20%、产出指标30%、效益指标30%、服务对象满意度指标20%。

（2）采购中心钱主任：政府采购为增强国家宏观调控能力、提高单位资金使用效益起到重要作用。我建议：①本单位通过需求调查或前期设计咨询，能够确定详细规格和具体要求，无须与供应商谈判的采购项目，应当采用招标方式采购，投标人不足3家的，不得开标；合格投标人不足3家的，不得评标。②采购集中采购目录以内品目，以及与之配套的必要耗材、配件等，属于小额零星采购的，可以采用竞争性磋商方式采购。

（3）资产管理处薛处长：加强国有资产管理，应当坚持资产管理与预算管理相结合，促进资产整合与共享共用。我建议：①本单位应当执行国家和地方关于办公用房、办公家具、公务用车等资产的配备标准，严禁超标配置资产，同时应明确资产的调剂、租借、对外投资、处置的程序、审批权限和责任。②资产置换时，应当以财政部、各部门核准或备案的资产评估报告所确认的评估价值作为置换对价的参考依据。③处置单位价值或批量价值（账面原值）1 000万元以下的国有资产，报主管部门审批，一个月内分散处置的国有资产原则上按同一批次汇总计算批量价值。

假定不考虑税费和其他因素。

要求： 根据国家部门预算管理、预算绩效管理、政府采购、国有资产管理、内部控制等有关规定，回答下列问题：

1. 根据资料（1），分别判断财务处刁处长建议①～③是否存在不当之处；对存在不当之处的，分别说明理由。

2. 根据资料（2），分别判断采购中心钱主任建议①和②是否存在不当之处；对存在不当之处的，分别说明理由。

3. 根据资料（3），分别判断资产管理处薛处长建议①～③是否存在不当之处；对存在不当之处的，分别说明理由。

案例分析题八（本题 20 分，第八题、第九题为选答题，考生应选其中一题作答）考核金融工具会计＋并购会计

甲股份有限公司是一家上市公司，主营业务产品为应用于光伏和半导体集成电路产业上游晶体生长及加工设备。近年来，光伏和半导体设备领域发展势头良好，甲公司决定抓住机遇，在融资、投资、风险管理、股权激励方面开展了如下经济业务事项：

（1）2023 年 12 月 10 日，甲公司与丙公司（丙公司为甲公司的母公司）签订股权转让协议，协议约定：甲公司以发行本公司普通股为对价，受让丙公司所持的乙公司 35%股权（乙公司为丙公司的子公司）；双方同意以 2023 年 11 月 30 日经评估乙公司全部股权公允价值 15 000 万元为依据，确定乙公司 55%股权的转让价格为 8 250 万元，由甲公司以 5 元/股的价格向丙公司发行 1 650 万股本公司普通股作为支付对价。

2024 年 1 月 1 日，甲公司向丙公司定向发行本公司普通股 1 650 万股，丙公司向甲公司交付乙公司 55%股权，发行股份的登记手续以及乙公司股东的变更登记手续已办理完成。当日，甲公司对乙公司董事会进行改选，改选后甲公司能够控制乙公司的相关活动。

合并日，甲公司股票的公允价值为 7.5 元/股；乙公司净资产的账面价值为 14 000 万元（其中股本为 8 000 万元，盈余公积为 2 000 万元，未分配利润为 4 000 万元），可辨认净资产的公允价值为 16 000 万元。

（2）甲公司为了筹集更多资金，对部分金融资产进行了处置：①甲公司于 2024 年 2 月 1 日与某资产管理公司签订协议，将甲公司因销售商品产生的账龄在三年以上的应收账款打包出售给某资产管理公司，该资产包账面余额 2.5 亿元，已计提坏账准备 1.5 亿元，账面价值 1 亿元，出售价格为 0.8 亿元。协议同时规定，该应收账款转让后，甲公司不再保留任何权利和义务。据此，甲公司终止确认了该应收账款，确认损益 0.2 亿元。②2024 年 3 月 1 日，甲公司将持有的某集团发行的 10 年期公司债券（账面价值 8 000 万元）出售给 A 公司，收取价款 6 000 万元。同时双方签订了一项看涨期权合约，甲公司为期权持有人，甲公司有权在 2025 年 3 月 1 日（到期日）以 6 300 万元的价格回购该债券；甲公司判断，该期权为价内期权。据此，甲公司终止确认了该债券，并确认损益 2 000 万元。

（3）为管理汇率风险和利率风险，甲公司进行了如下套期保值操作：①为锁定外币借款汇率变动产生的风险，本年内公司针对 5 亿美元外币借款，与金融机构签署了买入 5 亿美元的远期外汇契约（DF），远期外汇契约（DF）在外币借款的期限和金额范围内，通过锁定远期汇率，控制汇率变动风险。②为锁定利率变动产生的风险，甲公司针对 10 亿港元的浮息借款签署了相对应的利率互换合约（IRS），公司按照浮动利率向合约对手方收取利息，以向债权人支付其应收取的浮动利息，同时按照固定利率向合约对手方支付利息。利率互换合约（IRS）在相关港元借款的期限和金额范围内，通过锁定远期利率，控制利率变动风险。据此，甲公司将该套期分类为公允价值套期。

（4）甲公司和乙公司分别持有 A 公司 51% 和 49% 的普通股，根据 A 公司的投资协议规定，甲公司按照持股比例投入资金；鉴于乙公司在本行业中的龙头地位，甲公司委托乙公司对 A 公司进行经营政策和财务政策重大决策，甲公司保留按照持股比例分配股利的权利。

假定不考虑税费和其他因素。

要求：

1. 根据资料（1），回答下列问题：

①分析判断甲公司并购乙公司，按照企业合并方式划分和企业合并类型，各属于什么类型？

②计算甲公司在合并日长期股权投资的入账价值。

③指出甲公司在合并日取得的净资产的入账价值与为进行企业合并支付的对价账面价值之间的差额的会计处理办法，并计算该差额计入甲公司留存收益的金额。

2. 根据资料（2），分别指出甲公司①和②的会计处理是否正确；如不正确，请说明理由。

3. 根据资料（3）中①，指出甲公司签署买入远期外汇契约进行套期保值的方式是否恰当；如不恰当，说明理由。

4. 根据资料（3）中①，指出甲公司签署买入 5 亿美元的远期外汇契约体现了套期保值的哪些原则。

5. 根据资料（3）中②，指出甲公司对套期分类的会计处理是否正确；如不正确，说明理由。

6. 根据资料（4），指出甲公司是否应将 A 公司纳入合并范围，并说明理由。

案例分析题九（本题 20 分）考核行政事业单位预算与财务管理

甲单位为中央级事业单位（中央部门主管的高等学校），2024 年 2 月，甲单位审计处对本单位预算执行、资产管理、政府采购、内部控制等情况进行了检查。在检查中注意到如下事项：

（1）关于预算管理。①甲单位在部门批复 20 日内，在本单位门户网站公开了部门批复的单位预决算。其中，公开的决算报表包括收入支出决算总表、收入决算表、支出决算表、财政拨款收入支出决算总表、一般公共预算财政拨款支出决算表、一般公共预算财政拨款基本支出决算明细表、一般公共预算财政拨款"三公"经费支出决算表、政府性基金预算财政拨款收入支出决算表、国有资本经营预算财政拨款支出决算表等。②甲单位正在实施的"核酸检测优化研究"项目因疫情变化，经甲单位集体研究决定予以终止，将项目剩余资金 200 万元调整到急需资金的"重要作物线虫病害成灾规律研究"项目。③甲单位被主管部门选定为预算管理一体化试点单位，甲单位在办理资金支付业务时，通过中央一体化系统填报资金支付申请，并通过实有资金账户及时进行资金支付。④甲单位对预算执行情况和绩效目标实现程度开展了监督、控制，在绩效监控中坚持"全面覆盖、突出重点、权责对等、约束有力、结果运用、及时纠偏"的原则，采用目标比较法，用定量分析和定性分析相结合的方式，将绩效实现情况与绩效目标进行比较，对目标完成、预算执行、组织实施、资金管理等情况进行分析评判；绩效监控包括创新性、便利性和满意度监控。

（2）关于政府采购。①甲单位为实施"地表温度遥感反演与验证方法研究"项目需要进行政府采购，购置相关科研设备。在审查供应商资格时，发现 A 公司前两年在经营活动中存在重大违法记录，甲单位拒绝了其参与采购活动。②甲单位为实施"高等植物避荫反应分子调控机理研究"项目，需要采购特种设备，采取邀标方式邀请了 5 家供应商参与投标，并履行了招标、投标、评标与开标程序，甲单位在收到评标报告10 个工作日后，在评标报告确定的中标候选人名单中按顺序确定了中标人。③甲单位为开展对外投资、资产处置等各项经济活动，需要采购集中采购目录以外，采购限额标准以上，但属于小额零星采购的评估、审计等鉴证咨询服务，采取了框架协议采购方式进行采购。④甲单位采取封闭式框架协议方式确定第一阶段入围供应商时，发现提交响应文件和符合资格条件、实质性要求的供应商有 38 家，在入围通知书发出之日起 2 个月内和入围供应商签订了协议框架。⑤甲单位科研人员前期取得了"高精度凝胶色谱技术"重大科研成果，需要在单位扶持下进行科技成果转化，为此，甲单位采取询价方式进行了政府采购。

（3）关于资产管理。①甲单位淘汰报废已达使用年限的实验室 A 设备，该设备账面原值 2 600 万元，甲单位规定必须经主管部门审核同意，并经财政部审批后予以报废。②甲单位将 A 设备处置收入 10 万元，在扣除了相关税费后及时上缴中央国库。③甲单位将闲置的 B 设备，在履行了规定的审批程序后，将其出租给 D 公司，收取租金 300 万元，甲单位将租金收入纳入单位预算，统一核算、统一管理。

（4）关于内部控制。①甲单位为支撑能源绿色低碳转型科技研究，经规定程序批准建设一栋科研大楼，审批下达的资金预算为 3 亿元。甲单位由于日常经费紧张，临时借用该建设资金 500 万元用于发放拖欠的职工工资。②内部控制评价是确保内部控制建设不断完善并有效实施的重要环节，甲单位负责人在指定内部审计部门负责对本单位内部控制设计和执行的有效性进行评价后，内部审计部门将评价报告提交给单位负责人，并由单位负责人对评价报告所列示的内部控制缺陷及其整改建议作出了回应并监督落实。

假定不考虑其他因素。

要求：根据部门预算管理、预算绩效管理、政府采购、国有资产管理、内部控制等有关规定，回答下列问题：

1. 根据资料（1），分别判断事项①~④是否存在不当之处；对存在不当之处的，分别说明理由。

2. 根据资料（2），分别判断事项①~⑤是否存在不当之处；对存在不当之处的，分别说明理由。

3. 根据资料（3），分别判断事项①～③是否存在不当之处；对存在不当之处的，分别说明理由。

4. 根据资料（4），分别判断事项①～②是否存在不当之处；对存在不当之处的，分别说明理由。

2024 年度高级会计资格
《高级会计实务》全真模拟试题（三）

案例分析题一 （本题 10 分） 考核战略

ABC 集团公司下属有两家全资子公司 X 和 Y。目前，两家企业在发展过程中都面临着新的战略选择，请根据以下资料和问题，作出回答。

（1）子公司 X 是一家专门生产面包食品的公司，2023 年意图收购一家拥有 30 家分店的面包连锁店，以便将其业务扩大到全国各地。目前公司正在请专业机构做尽职调查，即将纳入董事会讨论环节。

（2）子公司 Y 是一家设计、开发、销售运动鞋，包括健身鞋、跑步鞋、训练鞋、慢跑鞋和散步鞋的公司。在国内运动鞋市场，几个主要的公司统治着市场，这些公司都比 Y 公司资金雄厚，资源丰富。2022 年，Y 公司的销售收入是 89 亿元，而行业主要公司 A、B、C 的销售收入分别是 340 亿元、200 亿元、260 元。运动鞋市场被认为是一个成熟的市场。然而，随着运动在人们生活中的重要性逐步提升，一部分细分市场却快速膨胀，除了整个行业增长的原因之外，还因为高度专业化、技术革新和迷人的形象和样式。

要求：

1. 根据资料（1），请问 X 公司这是何种类型的战略，X 公司为什么采用这种战略？

2. 根据资料（1），如果你作为 X 公司董事会成员，你认为目前 X 公司战略的风险有哪些？

3. 根据资料（2），Y 公司应当采取哪种竞争战略？

4. 根据资料（2），Y 公司战略选择风险有哪些？

案例分析题二 （本题 10 分） 考核企业全面预算管理＋企业绩效评价

甲公司是一家经营高精尖制造设备的高新技术企业。近年来甲公司管理层十分重视预算管理和绩效评价工作。2021年，甲公司开展全面预算管理工作动员会，会上董事长做动员报告，主要强调了全面预算管理的重要性和内容。其他主要人员发言如下：

（1）财务部部长发言说："我认为专项预算和财务预算很有必要，但财务部门人手有限，业务预算设计面广，编制过程比较复杂，因此应该关注关键业务和项目，非关键的业务和项目不必编制预算。"

（2）人力资源部部长发言说："我们单位引入预算管理之后，最大的好处就是能够运用预算管理工具对各部门领导和员工的业绩进行考核。"

（3）企管部部长发言说："公司应该在预算管理委员会下增设预算管理办公室，负责编制完成年度全面预算草案。然后将该草案报经预算管理委员会审核通过，即可向各预算单位下达执行。"

（4）财务部部长发言说："甲公司计划以过去三年的合并利润总额为依据，确定算术平均增长率，在此基础上增加5个百分点作为目标增长率。根据目标增长率和2021年预计合并利润总额确定2022年目标利润。从财务报告可知，甲公司2018年、2019年、2020年的合并利润分别为1 600万元、1 810万元、2 400万元，2021年预计合并利润为2 800万元。"

（5）人力资源部部长发言说："集团给我公司规定的资本成本率是6%，经测算2022年的平均资本占用额为5亿元。"

假如不考虑其他因素。

要求：

1. 根据资料（1），指出财务部部长的上述表述是否恰当；如不恰当，请说明理由。

2. 根据资料（2），指出人力资源部部长说法是否恰当；如不恰当，请说明理由。

3. 根据资料（3），指出企管部部长说法是否有不妥之处；如有不妥之处，请说明理由。

4. 根据资料（4），计算甲公司2022年度利润目标。

5. 根据资料（5），判断甲公司2022年的基于经济增加值的业绩情况。

案例分析题三（本题15分）考核企业风险管理与内部控制

甲公司是一家上交所科创板上市公司，作为一家拥有领先水平的生物药、化学药一站式医药研发及生产外包服务提供商，公司始终秉持"科技为本，技术为先"的发展理念，致力于持续赋能全球医药健康产业创新策源。为了防范风险，加强内部控制，甲公司采取了如下做法：

（1）甲公司严格按照《公司法》等法律法规、规范性文件要求，制定了符合公司发展要求的各项规章制度，明确股东大会、董事会、监事会各项议事规则，不断完善公司法人治理结构和内部控制体系，规范运作，制订并实施合理的利润分配方案，以确保实现股东利益最大化的公司治理目标。

（2）甲公司面对复杂的国际国内经营环境，通过利用外部专业咨询机构的资源，获取本行业的风险组合清单，结合头脑风暴方法识别出本企业面临下列风险：

①境外政治政策变动风险。为更好服务全球客户，公司于境外设立子公司，负责业务拓展、药物研发等职能，如果未来海外客户或境外子公司所在国家或地区的政治环境、经济政策发生不利变化，将会对公司的经营产生不利影响。

②汇率变动风险。公司的业务收入主要来源于境外客户，业务主要以美元或欧元结算，且公司持有部分境外资产，因此汇率的变动将对公司的业绩造成较大影响。

③产品销售风险。甲公司向客户出售中成药主要采用长期销售协议及现货市场销售的方式。公司根据对外签署的现货合同及期限介于一年至三年不等的长期销售合同销售自产中成药。销售合同通常载明每年销售中成药的数量、定价机制、付款方式、产品交付地及交付方式等，并根据客户的经济实力、信用程度等确定赊销额度，最大限度地把销售风险降到公司可承受范围内。

（3）面对上述风险，甲公司采取了如下应对策略：

①针对境外政治政策变动风险，甲公司要求在境外业务拓展和境外实体运营过程中，严格遵守所在国家或地区的政策、法规及相关习惯，并加强公司国际化管理能力，以弱化境外经营风险。

②针对汇率变动风险，甲公司认为，公司出口产品取得大量美元（或欧元）等外汇资产，从多年来的外汇管理实践看，未来在较长时间内，外汇将发生贬值。在分析外汇汇率变动带来的影响时，在汇率变动的合理范围内，通过改变输入参数的数值来观察并分析相应输出结果，发现外汇贬值带来的损失难以承受。因此，甲公司与中国银行签订远期外汇合约，自签订合约起 2 年到期时，甲公司将 3.5 亿美元按照约定的固定汇率出售给中国银行。对于这一风险管理中的重大合同，甲公司董事长十分重视，由其亲自进行了审批。

③针对产品销售风险，甲公司分析认为，现行销售策略已经把风险控制在可承受范围内，将继续执行。

（4）甲公司建立了能够涵盖风险管理主要环节的风险管理制度体系，包括风险管理决策制度、风险识别与评估制度、风险监测预警制度、应急处理制度、风险管理评价制度、风险管理报告制度、风险管理考核制度。以每年年末为评价基准日，定期对风险管理制度、工具方法和风险管理目标的实现情况进行评价，识别是否存在内部控制重大缺陷，评价风险管理是否有效，形成评价结论并出具评价报告。

假设不考虑其他因素。

要求：

1. 根据资料（1），指出甲公司确定的公司治理目标是否存在不当之处；如存在不当之处，请说明理由。

2. 根据资料（2），说明事项①按来源和范围、事项②按能否为企业带来盈利等机会、事项③按采取应对措施及其有效性分类，分别属于何种风险，并说明理由。

3. 根据资料（3），分别指出事项①～③甲公司采取的是何种风险应对策略（包括具体策略），并说明理由。

4. 根据资料（3）中策略②，指出甲公司分析外汇贬值带来的影响所采用的是何种风险分析方法。

5. 根据资料（3）中策略②，指出甲公司审批合同的做法是否存在不当之处；如存在不当之处，请说明理由。

6. 根据资料（4），分析判断甲公司的做法是否存在不当之处；如存在不当之处，请说明理由。

案例分析题四（本题 15 分）考核投融资

（1）甲公司是一家生产汽车零配件的国有上市企业，根据最新的国企改革行动方案，当地政府希望针对甲公司实施混合所有制改革。甲公司希望针对特定投资对象进行非公开增发。2021 年 7 月 21 日，甲公司公告称公司将针对 5 家公司进行非公开发行，其中参与者乙公司是一家专注于新能源汽车的民营企业，甲公司希望能够通过引进民营企业资金实现股权改制的目的；其余 4 家公司是机构投资者。甲公司希望通过增发获得的资金收购一项关键无形资产——非专利技术，从而提升甲公司的技术能力水平。甲公司于公告当日起停牌，并将当日作为定价基准日。经计算，定价基准日前 20 日股票价格均价为 50 元。在所有参与增发项目的投资者中，除乙公司外，其他机构投资者都承诺在持股 1 年后进行转让。

（2）甲公司曾于 2017 年 5 月 21 日发行了 100 万份面值为 200 元、年利率为 1.75%，并于 2024 年 5 月 21 日到期的可转换公司债券。债券持有人可选择在 2017 年 8 月 21 日至债券到期日内任何时间，按 20 元的初始转股价（在若干情况下可予以调整）转换成该公司股票。该可转换公司债券还设置了赎回条款和回售条款，即股票在连续 30 个交易日内的收市均价最少为每个交易日所适用的转股价的 130%，甲公司可以选择以相等于债券本金金额 100% 的赎回价，连同任何应计利息，赎回全部或部分债券；根据回售条款，2022 年 5 月 21 日可转换公司债券持有人有权将可转换公司债券以面值 130% 的价格回售给发行公司。截至 2021 年 6 月 30 日，该日每股价格达到 27 元。

（3）甲公司目前旗下有 5 家子公司，这主要是由于甲公司是国有企业，当时是由几家企业通过国资合并而成，然后才取得了上市资格。由于合并时各子公司均独立发展，纳入甲公司后一直以来各项业务也没有整合。对甲公司而言，过多类型的业务范围，使得甲公司成为多元化的上市公司。当前，甲公司董事会认为，应当将甲公司自身以及各子公司业务进行整合。尤其是各家公司旗下有发展程度不一绿色新能源业务，如光伏发电、风力发电等项目，这是绿色经济的代表型产业。甲公司董事会希望将这类项目整合到一家公司，然后在上海证券交易所能够单独上市，进而获得更好的公司估值和单独的发展机会。

要求：

1. 根据资料（1），甲公司非公开发行股票的融资方式属于哪种类型，符合该融资类型中的哪几种目的？

2. 根据资料（1），甲公司发行股票价格最低是多少？机构投资者承诺 1 年后转让是否符合法规要求？

3. 根据资料（2），计算甲公司发行可转债的转换比率以及转换价值。

4. 根据资料（2），分析甲公司可转换公司债券涉及的关键要素。

5. 根据资料（3），甲公司董事会决策本质上是采用何种融资类型（包括大类和细分类型）？这种融资模式的利弊有哪些？

案例分析题五（本题 10 分）考核企业成本管理

甲公司为一家衬衫制造企业，主要生产男、女两个系列的标准化产品，市场竞争非常激烈。甲公司在过去的经营中采用成本加成定价和成本领先策略，计划在 2022 年进行一轮全面的市场调查，理顺价格体系，优化内部流程，增强竞争力。拟通过推行战略成本管理使企业获得可持续的竞争优势，相关资料如下：

（1）由于甲公司自动化程度的提高，甲公司制造费用占生产成本的比重越来越大，人工成本比例逐渐缩小，以前按照人工工时分配制造费用的单一分摊标准对产品成本计算结果是一种扭曲。甲公司自 2021 年开始试行作业成本法核算和管理。2021 年 6 月的数据显示，按照传统成本核算法，男、女两个系列产品的单位产品分摊的制造费用分别为 20 元和 14 元。但是根据作业成本法核算结果，男衬衫的单位产品分摊制造费用为 15 元，女衬衫为 19 元。

（2）假如男、女衬衫单位产品的实际成本分别为 21 元和 24 元。而两个系列产品的单位人工实际成本分别为 5.5 元和 6 元。经分析发现，甲公司严格按照《中华人民共和国劳动法》计算发放员工薪酬，绩效工资部分占工资总额的比例不具有重要性。

（3）根据市场调查结果，男、女衬衫的可接受价格分别为 80 元和 100 元。股东认可的目标销售成本率为 40%。

（4）根据作业改进的五种方法，工厂实施了以下动作：改进衬衫领口加工过程，采用自动设备取代手工操作，消除多余动作；采用成本较低的原料替代原料，同时保证质量；通过标准作业流程改进降低搬运时间；将不同步骤整合到同一生产线上连续进行；根据不同工艺的成本数据合理安排生产顺序和资源配置。

假设不考虑其他因素（固定费用中没有非生产性变动成本）。

要求：

1. 根据资料（1）和（2），指出哪种成本核算结果作为盈利能力决策的依据并说明原因。计算男、女衬衫的实际成本。

2. 根据资料（2），计算采用变动成本法的前提下，男、女衬衫的生产成本分别是多少。

3. 根据资料（1）～（3），计算男、女衬衫的单位产品目标成本，以及在目前情况下，单位产品成本的优化空间是多少。

4. 根据资料（2）和（3），计算男、女衬衫的单位边际贡献。

5. 根据资料（4），指出工厂运用了哪些作业改进措施？

案例分析题六　（本题 10 分）考核会计财务相关问题

甲公司是一家以半导体显示业务、新能源光伏及半导体材料业务为核心主业的深交所上市公司，分、子公司遍布国内外。面对数字化转型的不断深化和经济违规行为的增加，甲公司财务部召开研讨会，就构建财务共享服务、业财融合、财会监督等问题展开讨论，有关情况如下：

（1）董会计：我们集团公司发展战略聚焦于泛半导体产业领域，以全球领先为目标，持续增强核心能力，卓越的经营业绩来自企业的变革转型、聚焦主业。我建议，有必要建设集团财务共享服务中心，将集团内分、子公司原来分散的财务职能，如报账、核算、结算、报表编制、会计档案管理等，集中在财务共享服务中心，使各分、子公司共享服务中心的财务处理服务。通过这一财务管理变革，促进企业集团降低财务管理成本、提高财务工作效率、保证会计信息质量、加强财务视角管控、提升财务服务体验度。

（2）陈会计：本集团在前期构建了企业资源计划（ERP），随着时间的推移和发展，ERP 的功能也在逐步得到完善，目前 ERP 系统除了财务管理、销售管理、人力资源管理、生产管理、质量管理等基本模块外，还扩展了供应链管理、客户关系管理、供应商关系管理、产品生命周期管理等功能。我建议：鉴于 ERP 强大的功能，没有必要构建财务共享服务的信息系统，将财务共享服务的信息系统兼容到 ERP 中来，通过优化 ERP 功能达到相应的目标。

（3）李会计：财务管理工作中财务核算占了很大一部分工作量，各分、子公司分散处理效率很低。就拿销售业务来说，其业务活动通常包括接受客户订单、批准赊销信用、开出发运凭证并发货、为客户开具发票、记录销售、办理和记录销售退回、销售折扣和折让等；销售中涉及的主要单据和会计记录包括客户订单、销售单、发运凭证、销售发票、记账凭证、汇款通知书、营业收入明细账、折扣折让明细账等；销售收款涉及的主要业务包括办理和记录现金、银行存款收入、坏账核销等；涉及的主要单据和会计记录则包括收款凭证、应收账款明细账、库存现金和银行存款日记账、坏账审批表等。因此，财务共享服务中心应当承担整个集团分、子公司的销售与收款的财务核算，以提高会计处理效率。

（4）朱会计：财务共享服务处理了整个集团财务核算工作，工作量大，重复程度高，工作枯燥。随着人工智能的快速发展，我建议：大量引入机器人流程自动化（RPA）。RPA 通过模拟人工手动操作，自动处理规则清晰、批量化的高频业务，适用于企业内具有明确业务规则、结构化输入和输出的操作流程，例如读取邮件、对账汇总、检查文件、生成文件和报告等枯燥、重复、标准化的工作，都可以让 RPA 机器人代为完成。

（5）赵会计：业财融合可以提高管理效率，但应通过一定的途径加以实现。比如，通过建立并完善数据管理体系，加强业务和财务数据的收集、存储、处理、分析和利用工作，提高数据的质量和准确性；通过优化财务管理流程，建立财务共享中心，实现财务流程的标准化和集中化，促进业财融合的实现；通过建立数据安全保障机制，完善数据备份、数据加密、数据权限管理等措施，保障业务和财务数据的安全和保密；通过建立数据分析团队，帮助企业更好地理解和分析业务和财务数据，提高业财融合的效率；通过使用数据分析工具，如数据挖掘、数据可视化等工具，帮助企业快速发现业务和财务方面的问题，提高决策效率和效益。

（6）谭会计：党中央、国务院对财会监督十分重视，我认为财会监督具有重要意义：①高质量会计信息能够降低企业融资成本、提高投资效率、提高资源配置效率，而财会监督有利于企业会计准则和制度的执行，能改善企业盈余管理水平，提高企业会计信息质量；②财会监督是内置于国家宏观管理过程之中的外部监督，其以风险为导向，坚持风险治理理念，针对不同层面的风险采取针对性措施，成为防范重大风险的现实需要。

假设不考虑其他因素。

要求：

1. 根据资料（1），判断董会计的建议是否存在不当之处；如存在不当之处，请说明理由。

2. 根据资料（2），判断陈会计的建议是否存在不当之处；如存在不当之处，请说明理由。

3. 根据资料（3），说明财务共享服务应包括销售与收款的财务核算的理由。

4. 根据资料（4），分析说明 RPA 有哪些优点。

5. 根据资料（5），指出赵会计的发言体现的是业财融合中的哪个途径。

6. 根据资料（6），分析判断谭会计发言①和②是否恰当；如不恰当，请说明理由。

案例分析题七 （本题 10 分） 考核企业并购

（1）根据公司发展战略，甲公司拟并购乙公司。截至 2022 年末，甲公司每股收益为 2 元，市盈率为 20 倍，发行在外股份共计 100 万股。乙公司每股收益为 1 元，市盈率为 10 倍，发行在外股份共计 80 万股。乙公司的可辨认净资产账面价值 500 万元，公允价值 600 万元。交易之前两家公司不存在关联方关系。

（2）甲公司拟并购乙公司 100% 股份。经过友好协商谈判，乙公司的股东同意以每股 11.25 元的价格成交。甲公司以向乙公司原股东定向增发股份方式支付并购对价。考虑到并购带来的协同效应价值，预计并购完成后甲公司的股权价值约为 5 100 万元。并购中发生谈判费用 50 万元、法律顾问费 30 万元、其他固定费用 10 万元。

假设不考虑其他因素。

要求：

1. 运用市盈率法计算甲、乙两公司的股权价值。

2. 计算此次并购对价支付中的换股比例。

3. 计算并购收益和并购净收益，并依据并购净收益作出甲公司应否并购乙公司的判断。

4. 请判断此次企业并购适用的企业所得税处理规定类型，说明具体的判定条件，并在此基础上分析判断乙公司股东的税务处理。

5. 请分析此次合并是否需要确认合并；如需确认，请计算合并商誉的金额。

案例分析题八（本题 20 分，第八题、第九题为选答题，考生应选其中一题作答）考核行政事业单位预算与财务管理

甲单位是一家中央级事业单位，围绕"国家生态环境安全与可持续发展"战略定位，充分发挥环境科学和生态学科的综合优势，为我国生态文明建设作出贡献。为优化政府采购、资产管理、内部控制，近期甲单位总会计师组织召开工作会议，研究讨论有关问题。会议研讨中涉及的部分有关情况如下：

（1）甲单位现有 2 个国家重点实验室，需要部门预算进行支持。为此，甲单位在部门预算管理中采取了下列措施：①在目前经济下行的背景下，响应党中央号召"过紧日子"，在年初预算编制中优先保障基本支出，后安排项目支出；先重点、急需项目，后一般项目。②在年度预算执行过程中，鉴于国际风云变幻，为了保证国家粮食安全，甲单位于 6 月决定立即启动"农田系统环境质量预警体系与粮食无公害生产及关键技术"课题项目（该项目尚未纳入项目库），投入资金开展研究，同时相应调减非急需项目。③11 月 16 日，甲单位发现"丛枝菌根真菌复合修复有机污染物土壤的技术"课题项目进度较慢，预计年底将形成较大的结转资金，决定将 290 万元资金用于急需资金的"环境中具有遗传毒性化学污染物的光电化学快速筛查技术"项目。

（2）甲单位为完成预定目标，需要采购"ACS 数据库"，经批准的采购预算金额为 1 100 万元。为此，甲单位采取了如下做法：①面向市场主体开展需求调查，选取了行业内具有典型意义的 2 个调查对象，采用问卷调查方式开展了需求调查，包括了解相关产业发展、市场供给、同类采购项目历史成交信息，以及数据库后续的运行维护费用、升级更新费用等情况。②鉴于采购项目金额较大，采用公开招标方式进行采购，并组成了由 1 名采购人代表和 4 名评审专家组成的 5 人评标委员会，并取得进展，完成了采购任务。

（3）甲单位国有资产实行"统一领导，归口管理，分级负责，责任到人"的管理体制，国有资产管理工作由甲单位国有资产管理委员会实施统一领导，按资产的不同形态和分类，对国有资产实施归口管理。为此，甲单位在国有资产管理中采取了如下做法：①"城市与区域生态国家重点实验室"有一台高端设备按照规定程序批准予以转让，相关人员认为该资产转让是通过公开市场转让的，没有必要花费资金进行资产

评估，甲单位资产归口管理部门同意了这一做法，在未经评估情况下完成了资产转让。②"环境纳米技术与健康效应重点实验室"有一台闲置仪器，该仪器账面原值 1 890 万元，已计提折旧 630 万元，经甲单位领导班子批准，将其出售给 A 健康体检中心，并将出售收入 800 万元，在扣除相关税费后上缴了中央国库。

（4）甲单位十分重视内部控制建设，要求各部门要通过流程优化、责任分解，提高工作效率，防范操作风险。为此，甲单位在内部控制中采取了如下措施：①面对事业发展中产生的大额资金需求，甲单位通过充分论证，并由单位领导班子集体研究决定后，按国家有关规定履行报批手续，举借了银行借款 5 000 万元。②甲单位要求对货币资金日清月结，每月月末由出纳盘点库存现金、详细核对银行存款余额，不必由其他会计人员抽查盘点库存现金、核对银行存款余额。

（5）甲单位全面推进预算绩效管理，建立以绩效目标实现为导向，以绩效评价为手段，以结果应用为保障，以改进预算管理、优化资源配置、控制节约成本、提高公共产品质量和公共服务水平为目的，覆盖所有财政性资金，贯穿预算编制、执行、监督全过程的预算绩效管理体系。为此，甲公司采取了如下做法：①按照"谁申请资金，谁设定目标"的原则，甲单位在设定项目绩效指标时，坚持"高度关联、重点突出、量化易评"的原则，十分重视绩效指标分值权重，对于设置成本指标的项目，成本指标 40%、产出指标 30%、效益指标 20%、满意度指标 10%。②按照"谁支出，谁负责"的原则，甲单位负责开展预算绩效日常监控，监控内容包括绩效目标完成情况、预算资金执行情况、重点政策和重大项目绩效延伸监控，每年 7 月，中央部门要集中对上半年预算执行情况和绩效目标实现程度开展一次绩效监控汇总分析。

假定不考虑其他因素。

要求：

1. 分别判断资料（1）中事项①～③甲单位采取的措施是否存在不当之处；存在不当之处的，分别说明理由。

2. 分别判断资料（2）中事项①和②的做法是否存在不当之处；存在不当之处的，分别说明理由。

3. 分别判断资料（3）中事项①和②的做法是否存在不当之处；存在不当之处的，分别说明理由。

4. 分别判断资料（4）中事项①和②的措施是否存在不当之处；存在不当之处的，分别说明理由。

5. 分别判断资料（5）中事项①和②的做法是否存在不当之处；存在不当之处的，分别说明理由。

案例分析题九（本题 20 分）考核金融工具会计 + 并购会计

甲公司为国有控股上市公司，主营业务分为安保科技、电源、医疗、电子信息四大产业板块，是复杂大型系统规划设计与集成商、高端产品研发与制造商。面对严峻复杂的国际形势和国内经济波动影响，甲公司决心迎难而上，加速转型升级，在风险管理、融资、企业并购等方面开展了如下业务：

（1）关于金融资产业务。甲公司有关购入债券及其会计处理情况如下：

①甲公司于1月2日从证券市场上购入B公司于本年1月1日发行的债券，该债券期限为3年，票面年利率为5%，实际年利率为6%，到期一次归还本金和利息。甲公司购入债券的面值总额为1 000万元，实际支付价款960.54万元，另支付相关交易费用5万元。甲公司持有该债券的业务模式为以既收取合同现金流量又出售金融资产为目标，以满足流动性需要，将其分类为以公允价值计量且其变动计入其他综合收益的金融资产。据此，甲公司确认的该债券的初始确认金额为960.54万元，将支付的相关交易费用5万元计入了当期损益。

②甲公司于12月31日对持有的B公司债券以预期信用损失为基础，进行减值会计处理并确认损失准备。

③甲公司经评估B公司债券的信用风险，发现自初始确认后信用风险并未显著增加。据此，甲公司按照该债券整个存续期内预期信用损失的金额计量其损失准备。

（2）关于金融资产转移。甲公司产品涉及微电子、光学、新材料及图像处理等多个学科及其交叉运用。由于需求不断提升，产品销售迅速扩大，但由此应收账款也快速增加。为了加速资金周转，甲公司与C金融机构签订协议，甲公司将短期应收账款3.5亿元出售给C金融机构，收取款项3.4亿元。同时规定，如果C金融机构无法收回足额应收账款，甲公司将全额补偿信用损失。据此，甲公司进行了如下会计处理：①终止确认了该应收账款。②将收取价款与应收账款账面价值之间的差额0.1亿元计入了当期损益。

（3）关于融资。甲公司为了提升生产线的智能化水平，需要加强基础能力建设。为此，甲公司与D公司签订协议，甲公司向D公司定向发行4亿股甲公司普通股，每股面值1元，发行价每股2元，融入资金8亿元。协议还规定：甲公司可自行决定是否派发股利；但如果甲公司进行筹资或首次公开发行股票，则甲公司必须按发行价赎回该股票，并按融资额8亿元、4.2%的年利率支付资金占用费。据此，甲公司将发行的股票分类为权益工具。

（4）关于企业并购。2023年7月1日，甲公司以银行存款1 000万元购买丙公司持有的乙公司25%的股权，并支付相关交易费用50万元，双方办理了乙公司股权过户登记手续。甲公司能够对乙公司施加重大影响；当日，乙公司净资产账面价值为3 700万元，可辨认净资产公允价值为4 600万元。

2024年4月1日，甲公司以溢价发行750万股股票为对价，从丙公司进一步购买乙公司75%的股权，双方办理了乙公司股权过户登记手续，自此甲公司持有乙公司100%股权，能够控制乙公司；当日，甲公司股票的市场价格为10元/股，甲公司原持有乙公司25%股权的公允价值为2 500万元。为购买乙公司的75%股权，甲公司另以银行存款支付相关税费700万元，向证券公司支付与发行股票相关的佣金800万元。

当日，乙公司净资产的账面价值为6 400万元（其中，股本为1 000万元，资本公积为 1 400 万元，其他综合收益为 500 万元，盈余公积为 1 500 万元，未分配利润为 2 000 万元），可辨认净资产的公允价值为 8 670 万元。乙公司为从事安防设备的制造商，有一条完整的安防产品生产线，其资产负债的组合具有投入、加工处理过程和产出能力，能够独立计算其成本费用以及所产生的收入。甲公司并购乙公司的目的是为了上下游形成一个系统的产业链。

甲公司对乙公司投资前，与乙公司和丙公司不存在关联关系。

（5）关于合并报表。2024 年 8 月，甲公司自乙公司购入一批 W 商品并拟对外出售，该批商品在乙公司的成本为 200 万元，售价为 260 万元（不含增值税，与对第三方的售价相同），截至 2024 年 12 月 31 日，甲公司已对外销售该批商品的 40%，但尚未向乙公司支付货款。

2024 年 12 月 31 日，甲公司将乙公司纳入合并范围。对于上述交易，甲公司在编制合并财务报表时进行了抵销处理。

假定不考虑其他因素。

要求：

1. 根据资料（1），分别判断甲公司购入债券事项①~③的会计处理是否正确；如不正确，指出正确的处理。

2. 根据资料（2），分别判断甲公司出售金融资产中事项①和②的会计处理是否正确；如不正确，说明理由。

3. 根据资料（3），判断甲公司对发行的股票的分类是否正确；如不正确，说明理由。

4. 根据资料（4），回答下列问题：

（1）分析判断乙公司的安防产品生产线是否构成业务，并说明理由。

（2）指出本次并购的购买方，并说明理由。

（3）指出本次并购的购买日，并说明理由。

（4）计算甲公司并购乙公司的企业合并成本，并指出甲公司支付的税费以及支付与发行股票相关的证券公司佣金的会计处理办法。

（5）计算甲公司并购乙公司在合并财务报表中列示的商誉的金额。

5. 根据资料（5），指出甲公司对内部交易进行抵销处理体现的是合并财务报表编制中的哪个原则。

2024 年度高级会计资格
《高级会计实务》 全真模拟试题（四）

案例分析题一（本题 10 分）考核战略

甲企业是一家国有控股的制造业企业集团。近日，集团召开董事会，共同商议公司战略与实施决策。已知公司管理基础与环境较差，目前面临的外部竞争环境也较为激烈，因此公司需要抓紧明确战略目标，争取获取竞争优势。以下为各位董事的发言：

董事甲：现在的当务之急是尽快落实和明确公司战略目标，需要确定公司到底要成为什么样的公司，公司的事业主要是什么内容。只有让战略目标明确清晰，才可能考虑实施和控制问题。

董事乙：从当前企业面临的行业环境来看，公司所处的行业集中度较高，竞争非常激烈。由于所在行业的退出成本较低，竞争程度将进一步加剧。因此，公司应充分利用自身品牌优势，整合各项资源和能力。考虑到公司当前市场的重要性程度，迫切需要增加营销人员，提升营销激励力度，大力构建基于营销层面的核心竞争力。

董事丙：鉴于当前的竞争环境，单纯依靠领导层制定和推动战略已经无法适应当前企业竞争的需要。公司应充分考虑让其他层级管理人员从战略实施一开始就承担相关责任，总经理和其他高管一起探索战略问题，落实和贯彻实施战略。

董事丁：公司目前实施的战略方法侧重于目标控制而不是过程控制，公司应进一步发挥管理层主动性，通过实施股权激励，将管理层行为与股东价值结合，将能够较好地起到战略落实作用。

独立董事：公司应进一步强化成本领先的公司发展战略，通过降低成本、提升管理效能来落实公司发展战略。

假定不考虑其他因素。

要求：
1. 董事甲和董事乙的发言是否正确，给出理由。
2. 董事丙倾向于采用哪种战略实施模式。
3. 董事丁认为公司实施股权激励，是否正确，给出理由。

4. 独立董事的发言是否正确，给出理由。

案例分析题二（本题 10 分）考核企业全面预算管理 + 企业绩效评价

甲公司为一家在深圳证券交易所上市的汽车零部件生产企业。近年来，由于内部管理不善和新冠疫情的影响，公司经营成本不断上升，业绩持续下滑。为实现提质增效目标，甲公司决定从 2020 年起全面深化预算管理和绩效管理，有关资料如下：

（1）全面预算管理。

①在预算编制方式上，2020 年之前，甲公司直接向各预算单位下达年度预算指标并要求严格执行；2020 年，甲公司制定了"两上两下"的新预算政策编制流程，各预算单位主要预算指标经上下沟通后形成。

②在预算编制方法上，2022 年 10 月，甲公司向各预算单位下达了 2020 年度全面预算编制指导意见，要求各预算单位以 2022 年度预算为起点，根据市场环境等因素的变化，在 2022 年度预算的基础上合理调整形成 2023 年度预算。

③在预算审批程序上，2023 年 2 月，甲公司预算管理委员会办公室编制完成 2023 年度全面预算草案；2023 年 3 月，甲公司董事会对经预算管理委员会审核通过的全面预算草案进行了审议；该草案经董事会审议通过后，预算管理委员会以正式文件形式向各预算单位下达执行。

④在预算调整程序上，2023 年 8 月，甲公司下属的国内业务事业部和国际业务事业部分别以新冠疫情影响为理由提出了预算调整书面申请，在申请中主要分析了调整的理由。预算管理委员会在收到申请之后，在授权范围内分别批准同意了两部门预算调整的申请。

（2）在绩效评价表体系上：甲公司 2022 年采用"两利四率"的考核指标，分别是：净利润、利润总额，营业收入利润率、研发投入强度、全员劳动生产率、资产负债率。2023 年公司拟调整为"一利五率"，分别是：利润总额、净资产收益率、营业现金比率、研发投入强度、全员劳动生产率、资产负债率。

假定不考虑其他因素。

要求：

1. 根据资料（1）中的事项①，指出甲公司 2020 年之前以及 2020 年分别采取的预算编制方式类型。

2. 根据资料（1）中的事项②，指出甲公司全面预算编制指导意见所体现的预算编制方法类型，并说明该种预算编制方法类型的优缺点。

3. 根据资料（1）中的事项③，指出甲公司全面预算草案的审议程序是否恰当；如不恰当，请说明理由。

4. 根据资料（1）中的事项④，指出甲公司下属机构提出的预算调整理由和程序运用是否恰当；如不恰当，请说明理由。

5. 根据资料（2），指出甲公司 2023 年哪些绩效指标属于结果类指标。关键业绩指标选取方法有哪些?

案例分析题三（本题 15 分）考核企业风险管理与内部控制

甲公司是一家上交所科创板上市公司，主营业务是研发、生产、销售高品质的绿色节能照明产品和机动车车灯产品。甲公司在进入绿色低碳和智能化的新经济背景下，管理层组织相关职能部门研究起草了《公司战略风险管理与内部控制管理建议书》，内容如下：

（1）关于风险管理。当前，照明市场整体增速逐渐放缓，行业存在着较明显的结构性产能过剩问题。为此，甲公司在风险管理方面有关部分事项如下：

①照明行业是一个全球化竞争的行业，面临一些家电企业延伸至照明应用领域的竞争，公司面临的市场竞争环境将更加激烈。为此，甲公司风险管理部建议：企业风险管理应覆盖所有的风险类型、业务流程、操作环节和管理层级与环节；同时，在风险管理过程中应当对风险进行评价，确定需要进行重点管理的风险，并有针对性地实施重点风险监测，及时识别、应对。

②"大智移云"等新一代信息技术蓬勃发展，对经济发展、社会进步带来重大而深远的影响。甲公司抓住机遇，通过共享服务建设，打造战略、业务、运营三位一体的新型运营管控模式，推进公司管理运营整体转型升级，提高运行效率和效益。但高度信息化也带来了风险，万一信息系统崩溃，可能会给企业带来灭顶之灾。为此，甲公司战略规划部建议：在风险分析中，假设在公司信息系统崩溃的极端情境下，评估风险管理模型或内部控制流程的有效性，制定改进措施，确保生产经营的主动权。

③在"碳达峰、碳中和"、新基建等国家政策的引导下，对照明市场和汽车车灯市场还是带来新的发展机遇。为此，甲公司研发中心建议：在风险应对中，公司应凭借技术优势，通过持续研发投入和技术创新，不断推进主营产品技术升级换代，不断推出新产品，使企业在竞争中处于较为有利的地位。

（2）关于内部控制。公司持续强化创新驱动、推动营销模式变革，破题资本运作、优化产业布局。甲公司在内部控制方面采取了如下做法：

①随着行业竞争格局的演变，消费者对产品品质、品牌的关注度增加，市场竞争能力弱的公司将逐步被市场淘汰，而大企业或具备核心竞争力的企业将获得更多的市场机会。为此，在经战略规划部拟订并购方案后，这一重大事项经公司主要负责人亲自批准，甲公司并购了黄河时代公司，为公司做强做大汽车车灯业务提供了有力支撑。

②公司坚持"效率优先，兼顾公平，共创共享"的原则，以价值创造为导向，按管理、研发、销售、生产四个类别构建四套薪酬体系，根据不同的岗位及职位特点确定薪酬等级，薪酬分配向核心人才、关键岗位倾斜，以最大限度激发员工的工作积极性。为此，甲公司采取了如下做法：确定绩效考评目标，设置考核指标体系，选择考

核评价标准，在形成评价结果的基础上，制定奖惩措施，将绩效考评结果作为确定员工薪酬以及职务晋升、评优等的依据。

（3）关于公司治理。甲公司严格根据《公司法》等法律法规、规章制度的要求，不断完善法人治理结构，建立了一套较为有效的公司治理体系。甲公司采取了如下具体措施：

①公司建立股东大会、董事会、监事会和经理层各负其责的治理结构，并分别按其职责行使决策权、执行权和监督权；建立了董事会专门委员会和独立董事制度；强化大股东及一致行为人的信息披露要求、禁止公司股东滥用股东权利，公司与大股东在业务、人员、资产、机构、财务等方面做到"五分开"；加强审计监督力度，由名校MPAcc 出身的财务部副部长兼任内部审计机构负责人，提高审计业务水平。

②公司治理结构作为企业的内部环境，必然对企业风险管理和内部控制产生影响，甲公司通过完善公司治理结构，使得公司内部控制和风险管理得到了加强。

假定不考虑其他因素。

要求：

1. 指出资料（1）中的①风险管理部建议所体现的风险管理的原则。

2. 指出资料（1）中的②战略规划部建议所采用的是何种风险分析技术；并指出企业面临的信息系统崩溃风险，从能否带来盈利等机会分类，属于何种风险类型。

3. 指出资料（1）中的③研发中心建议采取的是何种风险应对策略类型（应指出具体策略）。

4. 逐项判断资料（2）中的第①～②项做法是否存在不当之处；对存在不当之处的，分别说明理由。

5. 逐项判断资料（3）中的第①～②项措施是否存在不当之处；对存在不当之处的，分别说明理由。

案例分析题四（本题10 分）考核企业并购

甲公司和乙公司为两家专业设备制造企业，适用的企业所得税税率均为25%。甲公司的业务范围和客户主要集中在北方地区；乙公司的业务范围和客户主要集中在南方地区。两家公司所经营的产品类似，所不同的是甲公司完成了公开上市，从资本市场募集了大量的资金，而乙公司尚未上市，发展面临资金瓶颈。本次交易之前，两家公司不存在关联方关系。

2022 年1 月，甲公司决定加大行业整合力度，着手筹备并购乙公司。并购双方经过多次沟通，于2022 年3 月最终达成一致意向。

甲公司准备收购乙公司100% 股权，为此聘请资产评估机构对乙公司进行价值评估，评估基准日为2021 年12 月31 日。资产评估机构采用收益法和市场法两种方法对乙公司价值进行评估。并购双方经协商，最终确定按市场法的评估结果作为交易的基础，并得到有关方面的认可。与乙公司价值评估相关的资料如下：

（1）2021 年 12 月 31 日，乙公司资产负债率为 60%，税前债务资本成本为 10%。假定无风险报酬率为 5%，市场投资组合的预期报酬率为 10%。可比上市公司负债经营 β 值为 1.40，平均负债率 50%。

（2）乙公司 2021 年税后净利润为 2 亿元，其中包含本年度处置一项固定资产的税后净收益 0.2 亿元。

（3）2021 年 12 月 31 日，可比上市公司平均市盈率为 15 倍。

（4）2021 年 12 月 31 日，乙公司可辨认净资产账面价值 22 亿元，公允价值 25 亿元。

假定并购乙公司前，甲公司股权价值为 200 亿元；并购乙公司后，经过内部整合实现预期中的协同效应，甲公司股权价值将增值至 235 亿元。

甲公司应支付的并购对价为 30 亿元。其中：70% 部分以甲公司的增发股份支付；30% 部分以现金支付。此外，本次并购还将发生相关交易费用约 0.5 亿元。

假定不考虑其他因素。

要求：

1. 分别从行业相关性角度、被并购企业意愿角度和对价支付形式角度，判断甲公司并购乙公司属于何种并购类型，并简要说明理由。

2. 计算用收益法评估乙公司价值时所使用的折现率。

3. 用可比企业分析法计算乙公司的价值。

4. 计算甲公司并购收益和并购净收益，并从财务管理角度判断该并购是否可行。

5. 分析判断本次并购交易适用的会计核算方法和企业所得税处理方法。

案例分析题五（本题 15 分）考核投融资

甲公司为一家境内上市的集团企业，主要从事能源电力及基础设施建设与投资。2023 年初，甲公司召开 X、Y 两个项目的投融资评审会。有关人员发言要点如下：

（1）能源电力事业部经理：X 项目作为一个煤炭发电项目，初始投资额为 5 亿元。经测算，当贴现率为 5% 时，该项目净现值为 2.4 亿元，当贴现率为 7% 时，该项目净现值为 1.5 亿元；当贴现率为 10% 时，该项目净现值为 -0.5 亿元；当贴现率为 11% 时，项目净现值为 -1.5 亿元。

（2）基础设施事业部经理：Y 项目为一个地下综合管廊项目。该项目预计投资总额为 20 亿元（在项目开始时一次性投入）；运营期结束后，该项目无偿转让给当地政府，净残值为 0。该项目前期市场调研时已支付中介机构咨询费 0.05 亿元。事业部经理经过详细测算，得到项目净现值为 0.04 亿元。考虑到前期已经支付的机构咨询费用，因此事业部经理认为应该拒绝该项目投资。

（3）财务部经理：目前，Y 项目已通过环保审核，X 项目由于涉及火力发电，空气污染问题将困扰公司获得环保审批手续。建议今年两个项目如果实施，可采用定向增发普通股方案。目前公司有意对 12 名发行对象定向发行股票，未来可将这两个项目纳入募集资金使用范围。

（4）财务总监：针对 X 项目，建议采用公司综合资本成本为贴现率，确定相应的净现值；此外，为进一步强化集团资金集中管理、提高集团资金使用效率，公司计划年内成立财务公司。财务公司成立之后，公司可以借助这个金融平台，一方面支持2023 年投资计划及公司"十三五"投资战略的实施；另一方面为集团内、外部单位提供结算、融资等服务，为集团培育新的利润增长点。财务公司将采用收支一体化模式运营。

（5）总经理：目前的 X 项目与 Y 项目，都涉及较高的碳排放问题。目前从国家绿色低碳发展的趋势来看，这类不符合国家发展大方向的投资不仅耗资高，未来也将成为公司发展的包袱。评判投资项目不能够完全从财务角度出发，而是要关注长期战略发展。目前，公司应逐步从火电业务领域收缩项目投资，同时通过收购的方式逐步储备清洁能源发电项目，从而为公司未来发展布局。

假定不考虑其他因素。

要求：

1. 根据资料（1），估算出 X 项目内含报酬率的最小可能范围。

2. 根据资料（2），基础事业部经理的分析是否合理；如不合理，请说明理由。

3. 根据资料（3），指出具体的融资方式，其缺点有哪些，同时分析财务部经理的论述中存在哪些不合理之处，并说明理由。

4. 根据资料（4），财务总监提出采用综合资本成本作为贴现率是否合理；如不合理，请说明理由。

5. 根据资料（4），指出财务总监关于财务公司的论述是否合理，收支一体化模式的运作机理包含哪些？

6. 根据资料（5），总经理认为公司应采用何种发展战略（含细分战略）？

案例分析题六（本题 10 分）考核企业成本管理

甲公司是一家上市公司，长期以来，甲公司采用传统成本法核算间接环境成本，即将间接环境成本按用产量分配到不同产品成本中，随着我国低碳经济、绿色生产理念的普及、甲公司间接环境成本在产品成本中的比重逐年升高，通过传统成本法核算间接环境成本已不能适应"绿色化"战略转型的需要。甲公司 2023 年开始加强成本管理，资料如下：

（1）生产部部长说："我厂每个分厂负责不同型号的产品制造，每种型号的产品都需要不同的模具进行制造，因此模具制造成本很高。建议重新设计产品，考虑模具的通用性，减少零件种类数，从而降低模具制造作业的资源消耗。"

（2）铸造分厂厂长说："我厂的化铁作业化出一吨铁水的焦炭用量比行业平均水平高出 30%，增加了成本。通过逐项排查与分析发现，造成焦炭用量偏高的原因是通风口设计不合理，为此我厂需要进行技术改造降低不合理资源消耗。"

（3）研发部部长说："研发部门应用价值工程技术进行产品设计，邀请客户深度参与型号设计、材料优化、应用场景开发等工作，所以为满足客户需求，在研发设计的各个阶段均以产品质量最优为目标。"

（4）成本管理办公室主任说："公司拟成立采购、研发、财务等多部门人员组成的采购成本管控专项小组，建立相应的工作机制，确保及时、准确掌握各原材料价格、库存质量等各类信息。与供应商建立设计成本信息共享机制，借助供应商的专业知识、技术优势通过用模具等资源缓解成本压力。通过大规模采购标准化原材料零部件，提升议价能力，降低采购成本。"

假设不考虑其他因素。

要求：

1. 根据资料（1），指出生产部部长的建议是否合理；如不合理，请说明理由。

2. 根据资料（2），判断铸造厂长采用的是何种生命周期成本管理方法？

3. 根据资料（3），判断研发部门关于质量成本的说法是否存在不当之处，若存在不当之处，指出不当之处，并说明理由。

4. 根据资料（4），指出该做法反映哪种目标成本控制和持续改善方法？

案例分析题七（本题10分）考核企业会计财务相关问题

甲集团公司是主营房地产开发的上市公司，业务板块涵盖房地产开发、物业服务、物流仓储、租赁住房、商业开发与运营等板块。随着近年来规模不断扩大，子公司数量不断增加，管理层级越来越多，财务管理以及财经纪律的遵循度都在接受挑战。在此背景下，甲集团公司召开了财务共享、业财融合以及财会监督专题研讨会，有关人员部分发言要点如下：

（1）陈会计：我赞成建立财务共享服务中心。本集团公司有房地产开发、物业服务、物流仓储、租赁住房、商业开发与运营等六大板块，业务内容差异很大，在经营管理上各有特色。鉴于每个业务板块管理模式各异，我建议就每个业务板块建立财务共享服务中心，以突出各专业特色，实现高效率共享服务。

（2）张会计：建立财务共享服务中心是一个系统工程，必须科学制订方案，并有条不紊地加以落实。我建议：①明确运营模式（包括成本中心模式、模拟利润中心模式、利润中心模式和独立经营模式），并在此基础上制定服务标准；如果财务共享服务中心要对服务对象收取费用，就应制定收费标准；为了支持统一的服务标准，需要制定服务水平协议等，作为财务共享服务中心的运营基础。②由于财务共享模式下企业的组织结构发生了变化，企业的业务流程随之发生变化。企业应根据财务共享建设目标，兼顾控制需求和效率，考虑信息系统执行的可行性，重新审视业务环节，统一业务活动、单据格式、操作要求等，合理设计标准化的业务流程。

（3）林会计：业财融合实现企业价值的途径有很多，比如，财务和业务的融合需要有一个高效的信息系统作为基础，以实现数据共享、信息沟通和业务流程管理的无缝连接。企业可通过企业资源规划（ERP）、商业智能（BI）、客户关系管理（CRM）等系统的集成，建立一个集成度高、数据可靠、功能全面的信息系统，实现业务与财务数据的实时共享，从而加强两者之间的沟通和合作。

（4）郑会计：企业的运营通常包括"战略制定—经营规划—业务运行和控制—业绩评价"这几个环节，业财融合的内容也主要体现在这些领域之中。在业绩评价层面的业财融合中，我认为：①绩效指标的合理确定都需要基于对基本业务的充分了解，也需要筛选更加符合管理需要的指标；②绩效评价环节，评价工具的选择、实际业绩数据的分析和给出评价结论的过程，都要求评价人员不能仅仅关注数据和结果，同时也要关注经济环境、市场变化和业务过程，关注关键业务、关键流程和关键影响因素，将业务和财务结果联系起来分析。

（5）财务部宋经理：近年来在重点领域问题频出，采取行之有效的监督方式十分必要。比如，在重点领域要更加突出强化财经纪律刚性约束，加强对财经领域公权力行使的制约和监督，严肃财经纪律；应聚焦贯彻落实减税降费、党政机关"过紧日子"、加强基层保基本民生保工资保运转工作、规范国库管理、加强资产管理、防范债务风险等重点任务。

假设不考虑其他因素。

要求：

1. 根据资料（1），指出陈会计建议建立的财务共享服务中心按照覆盖的范围划分属于何种类型，并说明理由。

2. 根据资料（2），分别判断张会计发言①和②体现的是财务共享服务的实现路径中的哪些路径？

3. 根据资料（3），判断林会计发言体现的是业财融合途径中的哪个途径？

4. 根据资料（4），分别判断郑会计发言①和②是否存在不当之处；存在不当之处的，请指出不当之处，并说明理由。

5. 根据资料（5），指出宋经理发言体现的是重点领域财会监督方式中的哪种方式？

案例分析题八（本题 20 分，第八题、第九题为选答题，考生应选其中一题作答）考核金融工具会计＋并购会计

甲公司为国有控股上市公司，是专业从事高可靠光、电连接器及相关设备的生产与销售，并提供系统的互联技术解决方案的高科技企业。甲公司为了发展壮大企业，进行了融资、投资、风险管理以及股权激励，相关的部分资料如下：

（1）关于融资。由于新"基建"内需拉动以及国内新能源汽车行业领域的快速发展，国内连接器市场持续提升，甲公司决定抓住机遇，采取了如下融资措施扩建新生产线：

①甲公司发行永续债融入资金 50 亿元。有关合同条款如下：该永续债为无固定还

款期限，年利率为5.8%，发行方可自主决定是否支付利息而且不可累积。为了保护投资者利益，合同规定：当发行人未能清偿到期应付账款以及任何金融机构贷款的本金或利息时，发行人立即启动投资者保护机制（称为交叉保护），即主承销商于30个工作日内召开永续债持有人会议。永续债持有人有权对如下处理方案进行表决：第一，无条件豁免违反约定；第二，有条件豁免违反约定，即如果发行人采取了补救方案（如增加担保），并在30日内完成相关法律手续的，则豁免违反约定。如上述豁免的方案经表决生效，发行人应无条件接受持有人会议作出的上述决议，并于30个工作日内完成相关法律手续。如上述方案未获表决通过，则永续债本息应在持有人会议召开日的次日立即到期应付。据此，甲公司将该永续债分类为权益工具。

②甲公司发行了名义金额人民币100元的优先股，融入资金20亿元。合同条款规定甲公司在5年后将优先股强制转换为普通股，转股价格为转股日前一工作日的该普通股市价。据此，甲公司将发行的优先股分类为权益工具。

（2）关于股权激励。为了激发高管以及核心员工的积极性，甲公司决定进行股权激励，由薪酬与考核委员会拟订的有关股权激励草案部分资料如下：

①本激励计划采取的激励工具为限制性股票。股票来源为本公司向激励对象定向发行公司A股普通股。本激励计划拟向激励对象授予的限制性股票数量不超过960万股，占公司总股本9.6亿股的1%。首次授予限制性股票720万股，占公司股本总额的0.75%。

②本次预留授予限制性股票240万股，占本次限制性股票授予总量的25%。

③如果激励计划获得批准，甲公司将在授予日按照权益工具的公允价值，将取得的服务计入相关资产成本或当期费用，同时计入负债。

（3）关于风险管理。甲公司有大量的浮动利率债务工具（银行借款和应付债券），为锁定利率变动产生的风险，公司针对5亿美元及30亿港元的浮息借款签署了相对应的利率互换合约（IRS），公司按照浮动利率向合约对手方收取利息，以向债权人支付其应收取的浮动利息，同时按照固定利率向合约对手方支付利息。IRS在相关美元及港元借款的期限和金额范围内，通过锁定远期利率，控制利率变动风险。据此，甲公司进行了如下套期会计处理：

①认为该套期满足运用套期会计准则规定的套期会计方法的条件。

②甲公司将该套期分类为现金流量套期。

（4）关于企业并购和合并报表编制。2023年8月1日，甲公司以7 000万元的价格从母公司（乙公司）的另一子公司（丙公司）购买丁公司70%股权，款项已用银行存款支付，丁公司股东的工商变更登记手续已办理完成，当日甲公司改组了丁公司董事会，取得了控制权。

合并日，丁公司可辨认净资产的账面价值为1.08亿元（含一项企业合并中吸收合并形成的商誉800万元），可辨认净资产的公允价值为1.2亿元。

在丁公司个别利润表中，2023年度实现净利润4 000万元，其中：2023年8月1日起至12月31日期间实现净利润1 800万元。

假定不考虑其他因素。

要求：

1. 判断资料（1）中的①对永续债的分类是否正确；如不正确，说明理由。

2. 判断资料（1）中的②对优先股的分类是否正确；如不正确，说明理由。

3. 判断资料（2）中的①首次授予限制性股票数量是否存在不当之处；如存在不当之处，说明理由。

4. 判断资料（2）中的②预留限制性股票数量是否存在不当之处；如存在不当之处，说明理由。

5. 分别判断资料（2）中的③授予日的会计处理是否正确；如不正确，说明正确的会计处理。

6. 根据资料（3）中的①，说明运用套期会计准则中规定的套期会计方法应满足哪些条件？

7. 根据资料（3）中的②，判断套期的分类是否正确；如不正确，说明正确的处理。

8. 根据资料（4），回答下列问题：

（1）指出甲公司并购丁公司按企业合并类型划分属于什么类型，并说明理由。

（2）指出甲公司在确认合并中取得的乙公司资产、负债时，是否应确认乙公司资产中包含的商誉，并说明理由。

（3）计算合并日长期股权投资的入账价值。

（4）计算合并日甲公司个别资产负债表中增加的资本公积（股本溢价）的金额。

（5）2023 年末甲公司将丁公司纳入合并范围，请指出丁公司纳入合并利润表的是全年的净利润，还是 8 月 1 日起至 12 月 31 日期间实现的净利润，并说明理由。

（6）2023 年末甲公司将丁公司纳入合并范围，请指出丁公司应向甲公司提供哪些资料用于编制合并财务报表？

案例分析题九（本题 20 分）考核行政事业单位预算与财务管理

甲单位是一家中央级事业单位，甲单位总会计师组织召开工作会议，相关部门包括财务处、内审处、资产管理处等职能部门参加会议，研究讨论有关预算管理、政府采购、资产管理、内部控制等问题。会议研讨中涉及的部分有关情况如下：

（1）在预算绩效管理方面。内审处对甲单位预算绩效管理工作检查中，关注到如下事项：

①按照"谁批复预算，谁批复目标"的原则，财政部和主管部门在批复甲单位年初部门预算时，一并批复了绩效目标。绩效目标确定之后，甲单位预算执行中因疫情防控原因确实无法实现的，按照绩效目标管理要求和预算调整流程进行了报批。

②在设定了绩效目标后，甲单位对绩效目标实现程度和预算执行进度实行"双监控"，监控内容包括预算执行中违纪违规情况、"三公"经费使用情况、为民办事的满

意度情况等热点问题和其他情况，发现问题及时纠正，确保绩效目标按期保质实现。

（2）在资产管理方面。甲单位在国有资产管理中发生了如下部分经济事项：

①甲单位在开展业务中与 C 公司发生了经济纠纷，C 公司已起诉至法院。经法院判决，甲单位应以一块土地赔偿 C 公司损失。据此，甲单位采取了如下做法：经友好协商，该土地在未经评估情况下，作价 890 万元进行了赔偿。

②甲单位为了提高资产使用效率，对一台进口的高价值设备（固定资产原值 4 600 万元）拟向社会开放（出借），向使用者按使用时间和使用强度适当收取使用费。据此，甲单位采取了如下做法：经单位领导班子研究决定，并经主管部门审批后，在 12 日内报财政部进行了备案，于 3 月 15 日起正式对外开放。

（3）在预算管理方面。目前经济形势面临持续下行状态，财政资金比较紧张，甲单位在预算管理方面采取了下列措施：

①甲单位编制收入预算时留有余地，没有把握的收入项目和数额，不列入预算，以免收入不能实现时造成收小于支。预算支出优先保证基本支出，项目支出预算做到量力而行。

②由于合胞病毒疫情持续高发，甲单位决定临时加大病毒疫情防控科研投入力度，增加项目支出预算，新增相关科研项目。据此，甲单位经领导班子集体研究决定，在一级项目的支出控制数规模内，通过替换二级项目，调整相关预算，将相关紧急项目列入预算，并责成相关人员加紧实施，服务国家需要，满足时代要求。

③按照预算管理一体化要求，全部预算支出应以预算项目的形式纳入项目库，进行全生命周期管理。项目库管理一般包括项目登记、项目入库、项目整合、项目变更、项目公示等预算管理功能。

（4）在政府采购方面。甲单位为有力支持各项专业活动的顺利开展，在政府采购方面采取了如下做法：

①甲单位通过确定供应商资格条件、设定评审规则等措施，落实支持创新、绿色发展、中小企业发展等政府采购政策功能。尤其重视将业绩情况作为供应商资格条件，要求供应商提供的同类业务合同不少于 5 个，凸显了尊重业绩的价值导向。

②甲单位在实施预算管理一体化过程中，需要采购 D 公司已列入《政府采购自主创新产品目录》中的货物和服务。D 公司围绕 5G、大数据、云计算、物联网、人工智能等新一代信息技术的应用，为客户提供 5G 前传解决方案、智能预算解决方案、在线监测解决方案、数据中心解决方案、高性能运算解决方案等。但因自主创新产品价格居高不下超出采购预算，甲单位被迫寻求创新产品目录外的低价产品作为解决方案。

（5）在内部控制方面。甲单位对内部控制工作十分重视，根据本单位实际情况确定了内部控制监督检查的方法和范围，规定每季度检查 1 次，并指定内部控制牵头部门（财务处）作为内部监督的实施主体。

假定不考虑其他因素。

要求：

1. 分别判断资料（1）中事项①和②的做法是否存在不当之处，对存在不当之处的，分别说明理由。

2. 分别判断资料（2）中事项①和②的做法是否存在不当之处，对存在不当之处的，分别说明理由。

3. 分别判断资料（3）中事项①～③的措施是否存在不当之处，对存在不当之处的，分别说明理由。

4. 分别判断资料（4）中事项①和②的做法是否存在不当之处，对存在不当之处的，分别说明理由。

5. 判断资料（5）甲单位内部监督的做法是否存在不当之处，如存在不当之处，说明理由。

2024 年度高级会计资格
《高级会计实务》全真模拟试题（五）

案例分析题一（本题 10 分）考核战略

甲公司为一家国内大型控股集团公司（以下简称甲公司），主要从事汽车零配件生产业务。为响应"中国制造 2025 计划"，2017 年甲公司开始进入新能源汽车生产与销售领域。在我国经济持续转型升级的背景下，绿色、节能、低碳环保的新能源汽车的发展将是大势所趋，拥有广阔的发展前景。2018 年初，甲公司召开"战略规划"研讨会。有关人员发言要点如下：

董事长：传统燃油汽车时代落幕的时间表愈发清晰，发展新能源汽车是全球汽车行业发展的大趋势。公司正尝试将剩余的部分传统汽车零配件业务进行转让，以获取相应的资金，来发展新能源汽车业务。

总经理：公司目前考察了一家企业，希望未来能对这家企业进行收购。该企业在新能源汽车领域刚刚成立 2 年，这两年期间公司在动力系统、车辆平台、自动驾驶、人工智能、计算平台、互联网系统多个领域正在积累相应的技术，目前刚刚能够实现整车生产，尽管公司多项技术指标在新能源汽车领域已实现领先，但具体市场发展还存在相应的不确定性。

财务总监：为配合公司整体发展战略，公司短期内将逐步实现资金收缩；长期来看公司将进一步扩大融资，以支持公司在新能源汽车领域的快速发展。

随着集团公司的发展和壮大，资金管理上的问题逐渐暴露。集团成员单位都是独立的法人实体，每个下属企业均多头开户，导致银行存款过于分散无法形成规模，影响整个集团的贷款力度。虽然集团公司在资金管理上实行"收支两条线"，有严格的资金支出审批制度，且下属公司每天都向母公司上报资金头寸，但母公司很难具体掌握子公司的现金流量，对集团资金的控制力度严重不足。必须适应经济发展要求，成立财务公司，实现集团资金的集中管理，充分发挥财务公司在资金管理运作、筹集分配及资源整合上的优势，为集团公司的生产经营活动创造优良的资金环境。

假定不考虑其他因素。

要求：

1. 根据董事长的发言，指出公司目前将采用何种发展战略？

2. 运用波士顿矩阵模型，指出新能源汽车企业目前所属的业务类型。

3. 根据财务总监的发言，从资金筹措与实用角度分析公司短期和长期应采用的财务战略。

案例分析题二（本题 10 分）考核企业全面预算管理 + 绩效评价

甲公司为一家从事钢铁制造的集团企业，为了更好地落实提质增效、加强预算管理与绩效管理协同，公司决定从 2024 年起切实加强全面预算管理，引导企业注重价值创造的绩效评价方法。相关资料如下：

（1）预算目标制定。在遵循预算目标确定原则基础上制定 2024 年的目标利润。2023 年营业收入 30 000 万元，根据 2024 年预算，营业收入增长率为 10%，公司前三年平均的销售利润率指标为 10%，公司预计 2024 年销售利润率可以增长 10%。

（2）全面预算编制方法。2023 年，"供给侧结构改革"的任务越发艰巨，并且政府将继续高度重视三大攻坚任务，对污染防治，精准扶贫，防范系统性风险方面精准施策。在内外部环境的综合影响下，公司决定按照既定的预算编制周期和频率，对原有的预算方案进行调整和补充，逐期滚动，持续推进。

（3）预算控制。除对重点预算项目进行严格管理外，将年度预算细分为季度和月度预算，通过分期预算控制，确保年度预算目标的实现；对于非重点项目尽量简化审批流程；对于关键性指标的实现情况，按月、周，甚至进行实时跟踪，并对其发展趋势作出科学合理的预测，提高事前控制的能力。

（4）2024 年初，甲公司对 2023 年的预算执行情况进行了全面分析，下表是 2023 年度营业收入和 EVA 预算执行情况。

单位：万元

指标类型	业务（产品）类型	境内业务		境外业务		合计	
		预算金额	实际金额	预算金额	实际金额	预算金额	实际金额
营业收入	A 业务	85	79	50	51	135	130
	B 业务	45	52	20	16	65	68
	合计	130	131	70	67	200	198
EVA	A 业务	0	−5	1	1.5	1	−3.5
	B 业务	2	2	−1	−1	2	1
	合计	2	−3	1	0.5	3	−2.5

（5）绩效评价。甲公司明确 2024 年开始实施以价值创造为中心的绩效评价体系，

加强 EVA 指标的权重。

要求：

1. 根据资料（1），指出确定预算目标应遵循的原则，并计算 2024 年目标利润。

2. 根据资料（2），指出 2024 年甲公司应采取的预算编制方法，并说明其优点。

3. 根据资料（3），指出甲公司遵循了哪些预算控制原则，并列举其他预算控制原则。

4. 根据资料（4），采用多维分析法，以区域和产品两个维度相结合的方式，分析指出甲公司 2023 年度营业收入、EVA 预算执行中存在的主要问题，并说明多维分析法的主要优点。

5. 根据资料（5），指出使用 EVA 进行绩效评价的优点和效果。

案例分析题三（本题 15 分）考核企业风险管理与内部控制

甲公司为上海证券交易所上市公司，从事工程机械的研发、制造、销售和服务，公司产品市场需求受国家固定资产和基础设施建设投资规模的影响较大，下游客户为基础设施、房地产等投资密集型行业，这些行业与宏观经济周期息息相关。面对经济下行导致的不利局面，为了控制经营风险，确保公司持续稳定发展，甲公司要求加大风险管理和内部控制部门的工作力度。下面是甲公司有关风险管理与内部控制部分事项。

（1）甲公司在风险管理中，将内部控制与风险管理进行整合，通过目标设定、风险识别、风险分析和风险应对，实现有效的风险管理。在目标设定环节，由公司经理层确定风险偏好，并在此基础上设定风险容忍度，通过制定程序使各项目标与企业的使命相协调。

（2）由于房地产行业不景气，固定资产投资减少，甲公司销售出现困难。为了完成规定的经营目标，甲公司提高了赊销比重，产生了大量的应收账款。为此，甲公司根据历史经验总结的坏账率，按照预期损失法计提了相应的坏账准备。

（3）甲公司内部审计部门成立了内部控制评价工作小组，在内部控制评价中发现如下事项：

①关于企业文化控制。甲公司是国内知名的工程机械制造商，部分产品荣获国家科技进步二等奖。甲公司在经营中培育积极向上的道德价值观和社会责任感，公司董事、监事、经理和其他高级管理人员在塑造良好的企业文化中发挥了关键作用。

②关于投资活动控制。甲公司为了保持工程机械领域的领先地位，拟投入 10 亿元从德国引进先进生产线，进行"起重机械工程"二期建设。为此，公司董事会下设的投资与决策委员会对该投资项目从投资目标、规模、方式、资金来源、风险与收益等作出了客观评价，经董事长批准，决定于 2024 年 1 月开始实施这一重大工程项目。

③关于筹资活动控制。甲公司为筹集项目所需资金，除 2 亿元来自自有资金外，拟发行可转换公司债券融入 8 亿元解决资金缺口。该债券面值 8 亿元，平价发行，5 年期，票面利率 2%，发行时与之相类似的没有转换权利的债券实际利率为 5%。本筹资

方案经公司董事会审议通过后，已经获得临时股东大会批准。甲公司对于该笔筹集的资金，按照规定取得和填制了原始凭证；鉴于事项重大，对凭证进行了单独编号，而没有与其他凭证一起进行连续编号；按照《会计法》和国家统一的会计准则制度的要求编制、报送、保管了财务会计报告。

（4）甲公司有关内部控制评价部分情况如下：

①甲公司董事会认为，内部控制评价既要评价内部控制设计的有效性，也要评价内部控制运行的有效性；按照对控制目标的影响程度，内部控制缺陷可以分为重大缺陷、重要缺陷和一般缺陷。

②内部控制评价报告经公司经理层批准后按要求进行了披露。

（5）A 会计师事务所接受甲公司的委托，为甲公司出具内部控制审计报告。注册会计师按照自上而下的方法实施了审计工作，认定了若干财务报告内部控制一般缺陷和重要缺陷，并认为这些缺陷单独或组合起来，不构成重大缺陷；也未发现非财务报告重大缺陷。为此，A 会计师事务所出具了在内部控制评价基准日财务报告内部控制和非财务报告内部控制整体有效的结论。

假设不考虑其他因素。

要求：

1. 根据资料（1），指出甲公司在目标设定环节是否存在不当之处；如果存在不当之处，请说明理由。

2. 根据资料（2），指出甲公司对应收账款进行风险管理采用的是何种风险应对策略。

3. 根据《企业内部控制基本规范》及其配套指引，请逐项指出资料（3）中事项①～③是否存在不当之处；对存在不当之处的，说明理由。

4. 根据《企业内部控制基本规范》及其配套指引，逐项指出资料（4）中事项①～②是否存在不当之处；对存在不当之处的，说明理由。

5. 根据《企业内部控制基本规范》及其配套指引，指出资料（5）中是否存在不当之处；对存在不当之处的，说明理由。

案例分析题四（本题 15 分）考核企业投融资、资金管理

A 上市公司因项目开发需要，公司设立了 10 多家全资的项目公司（以下简称公司）。因大型项目建设市场不景气，公司面临较高市场风险和较大融资压力。近 3 年的公司年报显示，公司资产负债率一直在 70% 左右。为进一步开拓市场，应对各种风险，公司于 2023 年 3 月召开了由管理层、职能部门经理、主要项目经理参加的"公司融资与财务政策"战略务虚会。部分人员的发言要点如下：

（1）财务部经理：公司积极引入相关社会投资者共同开发相应项目，但由于项目开发周期较长，且有相应的风险，为了鼓励相关投资者积极参与，在合约到期时公司承诺进行赎回，并按约定利率支付相应利息。

（2）财务副总：为增强公司资金的使用效率，公司拟成立财务公司对资金集中管控。未来财务公司将独立运营，资本总额为50亿元，其中自有资本4亿元，财务公司还将从事长短期投资项目，要求长期投资项目占资本总额比达到40%。

（3）董事会秘书：公司融资应考虑股价表现，目前不宜进行配股融资。当前，公司资金总额100亿元，负债总额80亿元，股东权益总额20亿元，利润总额4亿元；总股本4亿股，平均股价4元/股，近三个月来，公司股价没有太大波动，在市净率较低的情况下，若按4∶1的比率配售1亿股（假定股东全部参与配售），且配股价设定为3.8元/股，则可能对公司股价产生不利影响。

（4）财务总监：公司支持建立财务共享和资金集中管理，成立财务公司。但财务公司要注意相应的风险；此外，公司应积极参与市值管理，使得公司股价恢复至合理区间，经公司聘请的财务顾问测算，公司理论价值在每股8元左右。

（5）总经理：公司此前由人力资源部牵头建立的平衡计分卡考核体系，目前来看存在一定的局限性。现在根据董事会的要求，公司推进并着手绘制战略地图，希望各部门积极参与。

要求：

1. 判断财务部经理选择的融资方式属于何种类型，其采用了何种投资人退出的方式来吸引投资者？

2. 判断财务副总的发言是否准确；如不准确，请说明理由。

3. 根据董事会秘书的发言资料，请计算公司现时的市净率与公司在实施配股计划情况下的配股除权价格。

4. 财务总监提到的财务公司，其需要关注哪些类型的风险？公司按照理论价值测算的市盈率为多少？

5. 总经理提到的战略地图，相对于平衡计分卡有哪些改进？

案例分析题五（本题10分）考核企业成本管理

A企业是一家从事大型设备制造的企业，只为某大型工程配套生产一种大型设备，近年来，随着公司产品的多元化战略实施，为了加强成本管理，A企业召开会议对成本管理工作的历史现状进行梳理，为下一步成本管理作出规划。以下是会议发言记录：

（1）总经理：我公司长期以来只生产专用设备，因此市场和产品比较单一，这种方法也能够满足企业进行决策。但是公司即将实施多元化产品战略，要开发出受市场欢迎的产品，肯定要面临市场竞争。因此，要总结过去我们成本管理的经验和不足，为成本管理改革服务，采用变动成本法核算产品生产成本。

（2）财务总监：随着公司战略的不断推进，公司间接成本的比重不断扩大，由原来的不足30%，上升到了56%。财务部建议拟引进作业成本法核算成本。以下是财务部提供的间接成本资料。主要生产甲、乙两种产品，其中甲产品900件、乙产品300件，其作业数据如下表所示。

作业中心	资源耗用（元）	动因	动因量（甲产品）	动因量（乙产品）	合计
材料处理	18 000	移动次数（次）	400	200	600
材料采购	25 000	订单件数（件）	350	150	500
使用机器	35 000	机器小时（小时）	1 200	800	2 000
设备维修	22 000	维修小时（小时）	700	400	1 100
质量控制	20 000	质检次数（次）	250	150	400
产品运输	16 000	运输次数（次）	50	30	80
合计	136 000				

要求：

1. 根据资料（1），指出变动成本法的缺点。

2. 根据资料（2），按作业成本法计算甲、乙两种产品应分摊的间接成本，并填制下表。

作业中心	成本库（元）	动因量	分配率	甲产品（元）	乙产品（元）
材料处理	18 000	600			
材料采购	25 000	500			
使用机器	35 000	2 000			
设备维修	22 000	1 100			
质量控制	20 000	400			
产品运输	16 000	80			
合计总成本	136 000				
单位成本					

3. 根据资料（1）和（2），若将上述间接成本按照机器小时数进行分配，试计算此时的单位产品间接成本。

4. 若两件产品的单位材料成本为 100 元/件，单位直接人工工时成本为 10 元/件，其中，甲产品每件耗费人工 3 小时，乙产品每件耗费人工 6 小时；且假设按照单位成本加成 20% 的策略确定产品价格，分别计算上述两种成本计算方法下的产品单价。

5. 指出作业成本法的特点。

案例分析题六（本题 10 分）考核企业并购

甲公司为一家上市公司，也是全球著名电子科技制造商之一。基于公司战略目标，公司准备积极实施海外并购。相关资料如下：

（1）并购对象选择。甲公司认为，通过并购整合全球优质产业资源，发挥协同效应，是加速实现公司占据行业全球引领地位的重要举措；并购目标企业应具备以下基本条件：①应为集成电路设计商，位于产业链上游，且在业内积累了丰富而深厚的行业经验，拥有较强影响力和行业竞争力；②拥有优秀的研发团队和领先的关键技术；③具有强大的市场营销网络。经论证，初步选定国外知名的乙公司作为并购目标。交易之前两家公司不存在关联方关系。

（2）并购价值评估。甲公司经综合分析认为，企业价值/息税前利润（EV/EBIT）和股权价值/账面净资产（P/BV）是适合乙公司的估值指标。甲公司在计算乙公司加权平均评估价值时，赋予 EV/EBIT 的权重为 60%，P/BV 的权重为 40%。可比交易的 EV/EBIT 和 P/BV 相关数据如下表所示：

交易日期	可比交易	EV/EBIT	P/BV
2023 年 6 月 9 日	可比交易 1	10.47	1.81
2023 年 7 月 15 日	可比交易 2	9.04	2.01
2023 年 9 月 10 日	可比交易 3	12.56	1.53
2023 年 9 月 28 日	可比交易 4	7.44	3.26
2023 年 11 月 2 日	可比交易 5	15.49	6.39

（3）并购对价。根据尽职调查，乙公司 2023 年实现税前利润总额 6.5 亿元、利息费用 0.5 亿元、有息债务 10 亿元，2023 年末净资产账面价值（BV）21 亿元，可辨认净资产公允价值（FV）25 亿元。经多轮谈判，甲、乙公司最终确定收购乙公司 100% 股权的对价为 65 亿元。

（4）并购融资。2023 年末，甲公司资产负债率为 80%。甲公司与合作银行存续贷款合约的补充条款约定，如果甲公司资产负债率超过 80%，合作银行将大幅调高贷款利率。贷款利率如提高，甲公司债务融资成本将高于权益融资成本。

甲、乙公司协商确定，本次交易为现金收购。甲公司自有资金不足以全额支付并购对价，其中并购对价的 40% 需要外部融资。甲公司综合分析后认为，有两种外部融资方式可供选择：一是从合作银行获得贷款；二是通过权益融资的方式，吸收境内外投资者的资金。

假定不考虑其他因素。

要求：

1. 根据资料（1），从经营协同效应的角度，指出甲公司并购乙公司的动机。

2. 根据资料（2）和（3），运用可比交易分析法，计算如下指标：①可比交易的 EV/EBIT 平均值和 P/BV 平均值；②乙公司加权平均评估价值。

3. 根据资料（2）和（3），运用可比交易分析法，从甲公司的角度，判断并购对价是否合理，并说明理由。

4. 根据资料（4），指出甲公司宜采用哪种并购融资方式，并说明理由。

5. 根据资料（1）～（3），判断是否需要确认合并商誉，如需要确认，请计算商誉金额。

案例分析题七（本题 10 分）考核企业会计财务相关问题

甲公司是一家境内外同时上市的全球性大型跨国矿业集团，主要在全球范围内从事铜、金、锌等金属矿产资源和新能源矿产资源勘查、开发及工程技术应用研究等，业务遍布境外 13 个国家，境内项目布局 14 个省市。甲公司随着数字化转型的不断深化，就建设财务共享服务、业财融合和财会监督等方面开展了不少工作，有关情况如下：

（1）甲公司全面统筹国内国际两个市场，贯彻落实"改革、增长、发展"工作总基调，坚持矿业为主，面向全球发展，争取跻身全球超一流矿业公司行业的发展决心。目前甲公司境外矿产铜产量占比达 53%，境外铜资源量占比达 76%；境外矿产金产量占比达 60%，境外金资源量占比达 74%。随着甲公司全球化带来的企业规模扩展，财务管理面临很大的挑战。

（2）甲公司加快资源优势转化为经济社会效益，确保公司高速增长。财务共享作为企业集团在组织中进行的一项财务管理变革，将促进企业集团降低成本、提高效率、保证质量、加强管控。为此，甲公司在财务共享服务的建设中考虑了以下内容：①明确财务共享服务的战略定位；②调整财务部门的职能分配；③确定财务共享服务中心选址；④明确财务共享服务中心的运营模式；⑤建设财务共享服务相关制度；⑥实施流程再造；⑦完善信息系统建设。通过努力，甲公司在财务共享服务建设中取得了很好的效果。

（3）甲公司战略发展总目标为建设"绿色高技术超一流国际矿业集团"，进一步明确了公司走绿色高质量可持续发展道路。在此基础上，甲公司将财务共享服务中心选址在集团公司总部所在地，企业集团下属的分、子公司全部取消财务核算职能和人员，仅保留财务分析、业务支持、报税等财务职能和相应的人员，财务共享服务中心承担整个企业集团的财务核算职能。鉴于本公司在行业中的领先地位，财务共享服务中心也对本行业其他企业提供服务，并按照市场价格在对集团内部企业和对集团外部企业提供服务中收取服务费用，财务共享服务中心形成一个利润中心。

（4）财务核算是财务工作中最为基础的业务，甲公司财务共享服务中心财务核算包括销售与应收管理、采购与付款管理、总账管理、成本管理、现金管理、资产管理、费用报销管理等。其中费用报销系统是集费用类单据事前申请、费用报销、借款还款、预算管控、费用标准管控、领导审批、单据查询、流程监控、费用分析等功能于一体的平台。甲公司认为：①费用报销适合采用财务共享服务模式实现高效处理，是因为费用报销业务具有数量庞大、程序烦琐、重复率高、金额大、单据格式标准统一等特点；②费用报销流程具体包括填单/扫描、FSSC 费用会计/复核、FSSC 出纳、FSSC 归档等。

（5）甲集团公司越来越重视业财融合。甲公司认为：①业绩融合有很强的现实意义。比如，随着企业规模的扩大、企业为提升业务处理的效果和效率，产生各种专门的管理职能，形成部门并分工协作。但过于强调职能分工、忽略职能间合作，会导致组织内部形成职能和部门间的"藩篱"。因此，业财融合就是要回归管理本源，为业务发展而管理，为价值创造这一终极目标而融合管理；②业务运行是企业的日常工作，企业通过业务活动来创造价值。业务活动都包括决策环节，而决策离不开财务的支撑，业财融合能够使财会人员更理解业务的决策场景。同时，业务实施环节的管理控制是不可缺少的，实施控制需要了解财务信息，并分析偏差的原因，预算执行情况分析及纠偏是对业务进行控制的手段。

（6）甲公司不断加强财会监督。甲公司认为：①财会监督是对财政财务活动和会计工作间接的监督，监督内容涉及具体会计行为、财税法规政策执行、预算管理特定事项落实等多个方面；②财会监督要求坚持党的领导，发挥政治优势，从而有助于财会监督工作在决策部署指挥、资源力量整合、措施手段运用上更加协同，进而把党的领导落实到财会监督全过程各方面。

假设不考虑其他因素。

要求：

1. 根据资料（1），指出甲公司作为大型跨国企业集团，在财务管理上带来了哪些挑战？国务院国资委在颁发的《关于中央企业加快建设世界一流财务管理体系的指导意见》中提出了哪些要求？

2. 根据资料（2），分析判断甲公司财务共享服务的实现路径是否存在不当之处；如存在不当之处，请说明理由。

3. 根据资料（3），分别说明甲公司财务共享服务中心按照覆盖范围和运作模式分类，应划分为何种类型。

4. 根据资料（4），分析判断事项①和事项②是否存在不当之处；如存在不当之处，请说明理由。

5. 根据资料（5），分析判断事项①体现的是业财融合的哪个重要意义？事项②体现的是业财融合内容中的哪个内容？

6. 根据资料（6），分析判断事项①和事项②是否恰当；如不恰当，请说明理由。

案例分析题八（本题 20 分，第八题、第九题为选答题，考生应选其中一题作答）考核金融工具会计 + 并购会计

甲公司是一家生产和销售新能源照明产品的股份有限公司，为了提高资金使用效率，甲公司开展了金融工具以及企业并购业务。下面是相关业务及其会计处理情况：

（1）2023 年 7 月 1 日，甲公司支付 2 000 万元购入某公司当日发行的普通债券，企业管理金融资产的业务模式是以收取合同现金流量为目标，甲公司将其分类为以摊余成本计量的金融资产。

甲公司在当年末，经评估该债券信用风险并未显著增加，甲公司按照相当于该金融工具整个存续期内预期信用损失的金额计量其损失准备，并将减值损失计入了当期损益。

（2）甲公司从二级市场购入万科公司发行的 5 年期普通债券，成本 5 000 万元，其管理该债券的业务模式为既收取合同现金流量为目标又以出售为目标，甲公司将该债券分类为以公允价值变动计入其他综合收益的金融资产。甲公司将该债券公允价值变动（浮盈）100 万元计入其他综合收益，并在处置该债券终止确认金融资产时将其他综合收益转入了当期损益。

（3）2024 年 1 月 8 日，甲公司由于未来极可能购进生产照明产品的原材料，进行了买入套期保值，并将该套期分类为公允价值套期。

（4）2024 年 1 月 1 日，甲公司为其研发中心 200 名专业人员每人授予 10 万份现金股票增值权，这些职员从 2024 年 1 月 1 日起在该公司连续服务 3 年，即可按照当时股价的增长幅度获得现金。该增值权应在 2029 年 12 月 31 日之前行使。甲公司在 2024 年 12 月 31 日将受益专业人员提供的服务计入成本费用，计入成本费用的金额取决于资产负债表日的股票价格来确定。

（5）甲公司为了扩大新能源照明业务，稳定原材料价格，对其上游企业（乙公司）进行了如下投资：

①2023 年 6 月 30 日，甲公司以 2 400 万元购入乙公司 26% 股权，能够对乙公司施加重大影响；投资款项通过银行转账支付，股权过户登记手续于当日办理完成。当日，乙公司可辨认净资产公允价值为 10 000 万元，各项可辨认资产、负债的公允价值与其账面价值相同。

②2023 年 11 月 20 日，甲公司与丁公司签订购买乙公司股权的协议，该协议约定，以 2023 年 10 月 31 日经评估确定的乙公司可辨认净资产公允价值 14 800 万元为基础，甲公司以 4 800 万元购买丁公司持有的乙公司 30% 股权。上述协议分别经交易各方内部决策机构批准，并于 2023 年 12 月 31 日经监管机构批准。

③2024 年 1 月 1 日，交易各方办理了乙公司股权过户登记手续，至此甲公司持有乙公司 56% 股份。当日，甲公司对乙公司董事会进行改组，改组后的董事会由 9 名董事组成，其中甲公司派出 6 名。按乙公司章程规定，所有重大的经营、财务分配等事项经董事会成员 2/3 及以上表决通过后实施。

④2024 年 1 月 1 日，乙公司账面所有者权益构成为：实收资本 10 000 万元、资本公积 1 200 万元、盈余公积 800 万元、其他综合收益 700 万元、未分配利润 500 万元；乙公司可辨认净资产的公允价值为 15 000 万元。除一块土地使用权增值 1 800 万元（其账面价值 2 000 万元，公允价值 3 800 万元）外，其他各项可辨认资产、负债的公允价值与其账面价值相同，甲公司原持有乙公司 26% 股权的公允价值为 3 900 万元；甲公司购买乙公司 30% 股权的公允价值为 4 800 万元。

⑤甲公司投资乙公司前，甲、乙、丁公司之间不存在关联方关系。

（6）甲公司投资于戊有限合伙企业，作为一般合伙人投入资金 5 000 万元，持有戊企业 5% 的资本；其他投资人为有限合伙人，投入资金 9.5 亿元。合伙企业协议规定：合伙期限为 8 年，设立合伙企业的唯一目的是投资于有潜力高速增长的企业以实现资本增值；甲公司负责管理合伙企业，承担识别合适投资的责任，对戊企业承担无限责任并获得可变回报；有限合伙人作为主要资金提供者，承担有限责任，并按约定回报率取得固定回报。

甲公司作为合伙企业管理人，通过调研评估，对 15 家成长型企业进行了权益性投资。戊企业以公允价值计量和评价其投资项目，并向一般合伙人和有限合伙人提供这些信息。戊企业计划在合伙年限内以直接出售、推动被投资公司公开上市后出售其股份等方式处置这些投资项目，以退出该权益投资。

假定不考虑其他因素。

要求：

1. 根据资料（1），判断甲公司计提减值的会计处理是否正确；如不正确，请说明理由。

2. 根据资料（2），判断甲公司购入债券的后续计量会计处理是否正确；如不正确，请说明理由。

3. 根据资料（3），分别判断甲公司开展的原材料套期保值业务的处理中，套期保值方式、套期分类是否正确；如不正确，请说明理由。

4. 根据资料（4），针对甲公司的股份支付业务，判断其在 2022 年的会计处理是否正确；如不正确，请说明理由。

5. 根据资料（5），回答下列问题：

（1）分析判断甲公司投资于乙公司是否属于企业合并？如果是，请说明理由，请指出购买日。

（2）分析判断甲公司对乙公司的土地使用权应该采用 2 000 万元合并，还是 3 800 万元合并，并说明理由。

（3）计算甲公司并购乙公司的企业合并成本。

（4）计算甲公司并购乙公司在合并财务报表中列示的商誉的金额。

6. 根据资料（6），回答下列问题：

（1）分析判断戊企业是否属于投资性主体，并说明理由。

（2）分析判断甲公司是否应将戊企业纳入合并范围，并说明理由。

案例分析题九（本题 20 分）考核行政事业单位预算与财务管理

甲单位为一家中央级行政单位，乙单位为甲单位下属事业单位，为了提高精细化管理水平，甲单位内审部门对甲单位本级及下属乙单位预算执行、资产管理、内部控制、政府采购、预算绩效管理等情况进行了检查。甲单位内审部门在检查中发现了如下事项：

（1）甲单位响应中央号召，加大了"精细化管理"力度，增加了较大的工作量。为此，需要增人增编并增加基本支出。甲单位在安排预算资金时，优先保障单位基本支出的合理需要，保证各部门日常工作的正常运转。

（2）甲单位为了对全国业务进行联网管理，决定建设"全国信息中心大楼"，该基本建设项目经批准的总投资预算为 3.5 亿元，项目于 2024 年 2 月 5 日完工，实际投入资金 3.48 亿元，项目结余资金 200 万元。甲单位为了把精细化管理工作做得更好，经集体研究决定，将基本建设结余资金 200 万元用于"数字化转型研究"项目。

（3）甲单位全国信息中心大楼完工后，对"信息处理云端设备"一期项目进行了政府采购。经公开招标评标委员会评议，境内丙设备制造商中标，合同标的金额为 2 000 万元。甲单位要求丙公司提交履约保证金 300 万元，丙公司于 4 月 18 日以支票提交了履约保证金。

（4）乙单位因培训中心位置比较偏僻，决定进行处置，发生了如下事项：①培训中心固定资产原值 2 800 万元，经单位领导集体研究决定并经主管部门备案后，将其转让以盘活资产；②乙单位通过合作关系聘请有相应资质的资产评估机构进行了评估，该评估报告已经财政部、主管部门核准，评估价值为 3 000 万元；③5 月 8 日，A 公司通过相应公共资源交易平台，与乙单位初步商定的转让价格为 2 500 万元。

（5）乙单位 5 年前支付 3 000 万元投资于 B 公司，持有 B 公司 50% 的股权。6 月 10 日，乙单位经上级主管部门审核报财政部当地监管局审核同意，并由主管部门报财政部批准后，将该股权以 3 800 万元转让给 B 公司的另一股东。乙单位收取现金转让款后，将股权转让收入纳入单位预算，统一核算，统一管理。

（6）乙单位十分重视绩效管理，把疫情防控作为绩效评价的重要内容，强调绩效目标是部门预算安排的重要依据，凡是未按要求设定绩效目标的项目支出，不得纳入项目库管理，也不得申请部门预算资金。按照"谁申请资金，谁设定目标"的原则，绩效目标由主管部门及本单位根据实际情况进行设定。

（7）乙单位为了反映本单位年度资产占有、使用、变动等情况，要求在做好日常财务管理、会计核算的基础上，在年度终了，对重要资产进行盘点，完善资产卡片数据，编制国有资产报告，并按照财务隶属关系逐级上报。

（8）乙单位坚持执行政府采购制度，提高财政性资金和国有资产的使用效益。为此，在政府采购方面采取了如下做法：

①因采购一项技术复杂的服务项目，事先无法确定具体要求，乙单位采用了竞争性磋商方式进行采购。

②乙单位于 4 月 1 日发出竞争性磋商文件，规定响应文件提交的截止日期为 4 月 8 日。

③乙单位按规定成立了磋商小组积极推进相关工作，经磋商确定最终采取需求和提交最后报价的供应商后，由磋商小组采用综合评分法对提交最后报价的供应商的响应文件和最后报价进行了综合评分，并按照评审得分由低到高顺序推荐了 2 名成交候选供应商。

（9）乙单位经发展改革部门安排资金，下年拟建设"环境实时预警系统"重点工程，该工程项目计划投资 8 000 万元。乙单位在进行政府收支分类时，按政府支出功能分类，列入了"一般公共服务支出"；按支出经济分类，列入了"资本性支出"。

假设不考虑其他因素。

要求：

根据部门预算管理、国有资产管理、政府采购、预算绩效管理等相关规定，回答下列问题：

1. 根据资料（1），判断甲单位的处理是否正确；如不正确，请说明理由。

2. 根据资料（2），判断甲单位的处理是否正确；如不正确，请说明理由。

3. 根据资料（3），判断甲单位的处理是否正确；如不正确，请说明理由。

4. 根据资料（4），分别判断事项①～③的处理是否正确；如不正确，请说明理由。

5. 根据资料（5），判断乙单位的处理是否正确；如不正确，请说明理由。

6. 根据资料（6），判断乙单位的处理是否正确；如不正确，请说明理由。

7. 根据资料（7），判断乙单位的处理是否正确；如不正确，请说明理由。

8. 根据资料（8），分别判断事项①～③的做法是否正确；如不正确，请说明理由。

9. 根据资料（9），判断乙单位的处理是否正确（分支出功能分类和支出经济分类）；如不正确，请说明理由。

2024 年度高级会计资格
《高级会计实务》全真模拟试题（六）

案例分析题一（本题 10 分）考核战略

W 公司是国有大型企业集团，拥有 ABC 三家全资子公司。目前，集团公司组织战略研讨会，分别就三个板块目前存在的问题进行分析。三个板块的负责人分别就目前各个板块面临的主要问题进行了介绍：

（1）钢铁板块 A 公司：主要生产特种钢铁，在特种钢行业具有独特的专利技术，获得了行业领先优势。目前，市场对高端钢铁产品的需求旺盛，产品在多个领域均取得了不错的发展势头。为了进一步抓住市场机遇，公司希望利用自身研发优势进一步增加投资规模。但目前公司不仅资产负债率较高，达到了 65%，公司股利支付也在一直维持较高的现金股利政策。

（2）航空板块 B 公司：B 公司经过多年的发展，通过全面压缩成本费用支出，同时将下降的成本补贴给客户的策略，成功走出了一条极具竞争优势的发展道路，初步确立了在航空市场的一定份额。但负责人发现，成本控制单纯靠领导者的长官意识和模范作用，很难让公司降低成本的经营理念得到充分落实。因此，公司需要从上至下形成节约成本的意识，处处谈成本、处处降成本才能够形成合力，充分发挥各个层面员工吃苦耐劳、节约成本的理念和创新意识。在新的战略实施模式下，公司的"吃苦风格"似乎已经形成了一种公司文化。每次外出办事，从领导到下面，都会绷着一根省钱的弦，"说到底，我们是根据自己的特点来做事情，我们节约的每一项都是在降低企业的成本。"航空板块的负责人说。

（3）制造业板块 C 公司：负责人提出"要通过增加研发投入、渠道整合并实现产业升级等举措，用将近 3 年的时间使公司实现进入世界 500 强的发展目标"。公司目前拟建设一个总投资额为 2.5 亿元的研发项目，致力于通过三年左右的时间，将现有产品提质升级，多开发出符合消费者需要的新型产品；此外，公司拟斥资 3 亿元收购一家下游企业实现销售渠道的整合。

要求：

1. 根据资料（1），结合 A 负责人的论述，从 SWOT 模型角度指出公司的机会与优势，公司应采用何种发展战略？

2. 根据资料（1）提供的目前公司的财务策略，你认为应作如何调整以适应公司目前的发展需要？

3. 根据资料（2），分析航空板块 B 公司采用的竞争战略类型，该公司在实施战略中采用的战略实施模式是哪一种。

4. 根据资料（3），分析目前房地产板块 C 公司所采用的发展战略类型。

案例分析题二（本题 15 分）考核企业全面预算管理＋企业绩效评价

甲企业是一家多元化的国有大型企业集团，近年来在我国经济转型、国家提倡高质量发展的政策指引下，甲企业致力于提升管理水平和创新能力，对标行业一流企业。2023 年拟实施以预算管理和绩效管理相结合的管理会计提升工程。相关资料如下：

（1）甲企业对 2023 年 1~6 月份的财务数据进行梳理发现，纳入监控的 4 个指标如下表所示。

单位：%

指标	2023 上半年同比增长率	行业平均水平同比增长率	行业标杆水平同比增长率	2023 年上半年预算完成率
营业收入	10.2	9.9	10.6	55
营业成本	10.5	9.9	9.2	67
利润总额	9.7	8.6	11	45
应交税金	10	6.8	18.4	67

（2）甲企业 2023 年采用经济增加值的绩效评价方法，相关财务数据如下：净利润 4 500 万元，平均负债总额 28 500 万元，平均资产总额 65 000 万元，利息支出 1 200 万元，研究与开发费和当期确认为无形资产的支出 6 500 万元，平均在建工程 3 500 万元。适用的企业所得税税率为 25%，加权平均资本成本率为 10%。假设不考虑其他因素。

要求：

1. 根据资料（1），指出甲企业预算完成情况如何。

2. 根据资料（1），对甲企业的经济运行情况的好坏进行判断，如存在问题，请提出改进建议。

3. 根据资料（2），计算 2023 年的经济增加值，并指出经济增加值绩效评价的优点。

案例分析题三（本题 10 分）考核企业风险管理与内部控制

甲公司为一家上海证券交易所主板上市公司，主要经营机电设备、电子设备产品的研发、设计、制造等。2024 年初，甲公司决定根据《企业内部控制基本规范》、配套指引及风险管理等有关规定，对内部控制和风险管理体系进行优化，并就此制订了 2024 年度内部控制和风险管理体系优化实施方案。该方案部分要点如下：

（1）加强风险管理。甲公司进行了如下风险管理工作：①甲公司风险管理目标是在确定企业风险偏好的基础上，将企业的总体风险和主要风险控制在企业风险容忍度范围之内；②通过风险识别发现，由于甲公司大量进口原材料，使得美元负债快速增加，产生了外汇汇率变动风险；③通过风险分析，甲公司意识到未来相当长的时间内，美元将处于升值通道，如果不采取措施，将使公司遭受重大的汇兑损失；④甲公司经研究，决定签订货币互换协议采用套期保值策略，对美元应付账款进行风险管理。

（2）突出控制重点。在全面控制的基础上，对重要事项和重要业务实施重点控制：①公司治理是现代企业关注的核心问题，主要解决公司所有者与经营者的代理问题、大股东与中小股东之间的代理问题、企业与其他利益相关者之间的关系问题；②所有新建工程项目，无论金额大小，均需要上报给公司董事会，由公司董事会作出统一审批。

（3）强化自我评价。甲公司内部控制评价部门将编制完成的内部控制评价报告报送经理层审定后对外进行了披露。

（4）加强外部审计。外部审计情况如下：①委托为公司提供年度财务报表审计服务的 A 会计师事务所实施年度内部控制审计工作，以 12 月 31 日为基准日，对财务报告内部控制的有效性发表意见；②在内部控制审计过程中，A 会计师事务所在对甲公司内部控制评价工作进行评估基础上，充分利用甲公司内部控制评价人员所做的工作底稿，以便减轻注册会计师的审计责任。

假定不考虑其他因素。

要求：

根据《企业内部控制基本规范》及其配套指引等有关规定，回答下来问题：

1. 根据资料（1），指出事项①甲公司风险管理目标是否存在不当之处；如存在不当之处，请指出不当之处，并说明理由。

2. 根据资料（1），说明事项②在风险识别中可采取哪些应用技术。

3. 根据资料（1），指出事项③按照风险的来源和范围分类，汇率变动风险属于何种风险？

4. 根据资料（1），指出事项④甲公司采取的是何种风险应对策略？

5. 根据资料（2），逐项指出事项①～②是否存在不当之处；如存在不当之处，分别说明理由。

6. 根据资料（3），指出甲公司自我评价是否存在不当之处；如存在不当之处，说明理由。

7. 根据资料（4），逐项指出事项①~②是否存在不当之处；如存在不当之处，分别说明理由。

案例分析题四（本题 15 分）考核投融资

甲企业是一家国有控股的制造业企业集团，旗下有众多子公司。有关各子公司的情况如下：

A 公司 2010 年 6 月在上海证券交易所上市。2023 年 1 月，A 公司计划在越南设立独立经营公司。由于越南劳动力成本较低，该公司的设立能够较好地利用当地低成本优势从事与制造业相关的材料生产。根据公司财务部按照当地现金流测算，该独立经营公司投资项目净现值 NPV 为正，这笔投资能够为 A 公司股东创造价值回报。

2023 年 5 月，A 公司董事会认为，对境外直接投资存在多重风险，要求 A 公司财务部编制投资风险管理计划。重点涉及投资前的风险控制与应对措施以及投资后的风险应对机制。

B 公司是一家刚刚成立的全资子公司，其业务主要集中于环境与污水处理工程等多个项目。其中，X 项目设定了项目开工、建设实施、移交维护等各环节的管理制度，并严格实施项目预算管理制度，控制项目成本；投资者对 X 项目要求的基本投资回报率为 8%；Y 项目所在地地质环境复杂，项目安全与运营风险较高，投资人要求的回报率为 15%；B 公司股权和债权综合资金成本为 10%。经财务部初步测算，X 项目与 Y 项目均按照 10% 资本成本计算的 NPV 分别为 -450 万元及 600 万元。财务部将初步测算结果报董事会决策。

C 公司是一家以国际贸易为主的平台公司，业绩在近几年相对平稳。2023 年度，公司收入为 1 000 万元，其中税后利润为 100 万元，40% 用于支付股利；公司总资产 2 000 万元，总股数 200 万股，股东权益价值为 1 000 万元。C 公司 2024 年度计划销售增长率是 10%。公司财务总监李某认为公司资金基本确定在 2024 年度会存在困难。

要求：

1. A 公司财务部的投资预测是否合理；如不合理，请说明理由。

2. A 公司境外直接投资可能存在哪几类风险，针对董事会提出的要求，A 公司投资前后的风险应对机制应如何确定？

3. 根据财务部测算结果，你认为 B 公司董事会应如何决策？

4. C 公司财务总监李某对公司未来资金量的判断是否准确，并说明理由。

5. 按照公司预期增长情况，你认为财务总监应如何应对？

案例分析题五（本题 10 分）考核企业成本管理

甲公司是一家在上海证券交易所上市的汽车企业，主营整车的生产和销售。在中国经济快速增长的背景下，甲公司采取和国外知名汽车厂商合资建厂生产小汽车的方式获得了发展。董事会决定召开会议研究自主品牌发展之事。以下是发言摘要：

（1）总经理：我们公司新研制的自主品牌汽车 A 系列已经投放市场，由于物美价廉，市场销路不断扩大。但是这款车的成本太高，因此该产品线利润率极低，达不到目标利润的要求，部分地区甚至已经侵蚀其他品牌产品的利润。公司要在稳定市场售价的基础上，加大成本管理的力度。

（2）总会计师：公司目前在降低 A 系列汽车的成本方面已经作出了部署。首先成立了以财务系统牵头的矩阵式团队，发掘 A 系列汽车的成本空间，根据我们的测算，目前 A 系列汽车的市场售价是 6 万元，公司对此款车的销售利润率要求是 20%，目前该系列车的出厂完全成本是 5.5 万元。通过材料代用、功能清理、轻量化、引进低成本供应商等措施，我们相信经过效益保障工作组的艰苦细致工作，2024 年可以达到预定成本目标。

（3）财务总监：去年我们公告了一起涉及 12 个产品 10 多万辆车的冷却液召回事件。财务部门对此事专门进行了调查。原因是我公司在冷却液供应商招标过程中，选择了一家成本最低的供应商，该供应商的产品质量不稳定导致车辆在行驶过程中容易出现高温的现象。采购成本的降低影响了我们企业的声誉，财务上也受到了较大损失，与采购成本降低获得收益相比，得不偿失。今后要加强管理，确保这种情况不再发生。

（4）主管采购的副总经理：今后将采取加大原材料和零部件的质量检验力度，减少因为设备问题或操作不当造成的废品返修，控制在销售过程中因为质量等问题而被客户退货或索赔。

要求：

根据以上资料回答下列问题。

1. 根据资料（1），分析适合甲企业的成本管理方法是什么？实施目标成本管理需要遵循哪些原则？

2. 根据资料（2），计算 A 系列汽车的目标成本是多少？2024 年成本降低目标是多少？

3. 根据资料（3），指出甲公司成本管理应该如何转变观念。

4. 根据资料（4），指出公司将要发生的质量成本。

案例分析题六（本题 10 分）考核企业并购

甲单位为一家中国企业，乙公司为一家欧洲企业。2024 年初，甲公司计划收购丙公司 100% 股权，并购项目建议书部分要点如下：

（1）并购背景。甲公司为一家建筑企业，在电力建设的全产业链（规划设计、工程施工与装备制造）中，甲公司的规划设计和工程施工能力处于行业领先水平，但尚未涉入装备制造领域。在甲公司承揽的 EPC（设计 - 采购 - 施工）总承包合同中，电力工程设备均向外部供应商采购。为形成全产业链优势，甲公司拟通过并购方式快速提升电站风机等电力工程设备的技术水平和制造能力。

乙公司为一家装备制造企业,以自主研发为基础,在电站风机领域拥有世界领先的研发能力和技术水平。乙公司风机业务90%的客户来自欧美,在欧美市场享有较高的品牌知名度和市场占有率。虽然乙公司拥有领先的技术和良好的业绩,但由于近年来欧洲经济的不景气,导致乙公司发展停滞。本次交易之前,两家公司不存在关联方关系。

(2)绩效评价与价值评估。甲公司对乙公司的绩效和价值进行了综合评估。以2023年末为评估基准日,乙公司净资产账面价值为10亿元,可辨认净资产公允价值15亿元,息税前利润EBIT为2.8亿元,企业所得税税率为25%,有息债务权益比率D/E为40%。假设2024年初完成收购后,乙公司当年度的经济增加值一次性增长50%,此后维持该业绩水平不变。未来预计加权平均资本成本率为10%,股权资本成本率为15%。甲公司最终的100%股权收购报价为20亿元。并购后,乙公司作为甲公司的全资子公司继续运营。

并购前,甲公司股权的市场价值为132亿元。如并购完成,预计两家公司经过整合后的股权市场价值合计将达到160亿元,此外,甲公司预计在并购价款外,还将发生财务顾问费、审计费、评估费、律师费等并购交易费用0.5亿元。

(3)并购后的整合。甲公司在并购后整合过程中,为保证乙公司经营管理顺利过渡,留用了乙公司原管理层的主要人员及业务骨干,并对其他人员进行了必要的调整;将本公司行之有效的管理模式移植到乙公司;重点加强了财务一体化管理,向乙公司派出财务总监,实行资金集中管理,统一会计政策和会计核算体系。

假定不考虑其他因素。

要求:

1. 根据资料(1),从并购双方行业相关性角度,指出甲公司并购乙公司的并购类型。

2. 根据资料(2),计算2023年度乙公司的经济增加值,并据此计算2023年底,乙公司的股权价值评估值。

3. 根据资料(2),计算甲公司并购乙公司的并购收益、并购溢价和并购净收益,并据此指出甲公司并购乙公司的财务可行性。

4. 根据资料(2),判断是否需要确认合并商誉,如需要确认,请计算商誉金额及其列报方式。

5. 根据资料(3),简要说明甲公司所采取的并购后整合类型。

案例分析题七(本题10分)考核企业会计财务相关问题

甲集团公司是一家医药批发与零售的具有全国性网络的医疗物流上市公司,涉及七大板块,其主要客户是医疗机构、批发企业、零售药店。随着集团快速扩张,分、子公司数量与规模不断提升,对各级公司的管理半径及专业性提出了更高要求。随着现代信息技术的不断发展进步，甲公司召开构建财务共享、业财融合以及财会监督等会计财务相关问题研讨会，对下一步工作进行部署。与会者部分发言情况如下：

（1）董事长：企业集团建设财务共享服务不仅是信息系统的建设，也不仅是简单地把集团的财务人员聚集在一起工作，而是一项系统工程，需要从战略的高度明确建设财务共享服务的根本目标，诸如提高业务处理效率、降低成本、提高预防腐败能力、优化管理流程等。

（2）总经理：本集团建设财务共享服务中心，我建议：①鉴于本集团主要业务分为华北和华南两大区域，经营风格和业务模式差异较大，本集团应在北京和广州分别建设两个财务共享服务中心，分别辐射南北方两个区域，方便开展相关业务；②鉴于财务共享服务还处于初创期，暂时不收取服务费用；待积累经验走向成熟、完善服务后，再考虑对集团外提供服务，并对集团内外均收取服务费用。

（3）技术总监：RPA 因提高了办公工作自动化程度，提高了生产效率，彻底消除人为错误而受到很多企业的青睐，应用范围相当广泛。比如，①PPA 可以用于银行对账、发票验真；②RPA 可以代替人工进行系统数据的录入、数据核对，又快又好。

（4）财务总监：业财融合是集团公司的大势所趋，是助力集团公司发展的有效手段。我认为：①财务会计的两大基本职能是核算和监督，财务工作的核心是资本和资金的运作，部门壁垒和业财分离一定程度上影响了会计和财务目标的实现，如业财分离不利于会计政策的合理选择和会计估计的准确性、无法有力地支持业务部门的决策等。业财融合能够助力财会部门和人员更好地实现会计目标和财务目标，进而帮助企业提升效益。②在充满不确定性的环境下，创新和变革才是企业生存和发展之道。业财融合可以促使企业从多个角度关注市场变化和竞争态势，鼓励企业不断创新和变革。

（5）审计总监：在新时代背景下财会监督应不断加强。我建议：①本集团内部财会监督应以单位主要负责人作为财会监督工作的重要责任人，对本单位财会工作和财会资料的真实性、完整性负责，单位需要建立符合自身实际情况、权责清晰、约束有力的内部财会监督机制和内部控制体系；②开展财会监督要自觉以党内监督为主导，探索深化贯通协调有效路径，发挥财会监督专业力量作用，选派财会业务骨干参加巡视巡察、纪委监委监督检查和审查调查。

假设不考虑其他因素。

要求：

1. 根据资料（1），分析判断董事长发言是否存在不当之处；如存在不当之处，请说明理由。

2. 根据资料（2），分别指出事项①总经理建议的财务共享服务中心按覆盖范围，属于什么类型和事项②总经理建议的财务共享服务中心按运营模式，属于什么类型？

3. 根据资料（3），分别指出技术总监发言中事项①和事项②体现的是 RPA 的哪些应用场景？

4. 根据资料（4），分析判断财务总监发言中事项①体现的是业财融合的哪个重要意义和事项②体现的是业财融合具体目标中的哪个目标？

5. 根据资料（5），分析判断审计总监发言中事项①和事项②是否恰当；如不恰当，请说明理由。

案例分析题八（本题 20 分，第八题、第九题为选答题，考生应选其中一题作答）考核行政事业单位预算与财务管理

甲单位为一家中央级事业单位（非高校），为了把工作做得更加扎实，甲单位总会计师组织召开由财务处、采购中心、资产管理处等部门负责人参加的工作会议，与会人员就近期工作进行了交流。有关资料如下：

（1）关于预算管理。甲单位在预算执行中涉及如下事项：①由于近期副食品价格上涨过快，严重影响了员工生活水平。财务处建议将非财政补助收入超收部分经单位领导班子研究批准后，用于发放员工副食补贴；②近期已完成"空气净化实验室设备购置"项目，形成项目支出结余资金 25 万元。财务处建议，年度预算执行结束后，中央部门应在 15 天内完成对结余资金的清理上报财政部；财政部收到中央部门报送的结余清理情况后，在 30 天内由财政部收回结余资金，不能挪作他用。

（2）关于政府采购。甲单位对政府采购活动实施归口管理，由采购中心负责。在政府采购活动中涉及如下事项：①对于"污水系统、中水系统运营维护管理"项目的招标，由于金额较大，保证能够顺利执行，采购中心建议：在公开招标中要求供应商法人代表亲自领购采购文件、到场参加开标、谈判；②为了方便单位职工上下班，决定立项"2024 年客车租赁服务采购"项目，并在执行政府采购相关程序后由 A 运输公司中标。根据甲单位与 A 公司签订的政府采购合同，约定了支付的方式、时间和条件。采购中心建议，对于满足合同约定支付条件的，甲单位应当自收到发票后 45 日内将资金支付到 A 公司账户，不得无故拖延。

（3）关于资产管理。由于业务发展需要，业务部门提出购买 10 套"微库仑仪设备"申请，该仪器市场价格每套 90 万元，共计 900 万元。据此，国有资产管理处建议：①现有资产无法满足单位履行职能需要时可以配置相应资产；②在年度部门预算编制前，国资处将会同财务部门审核资产存量，提出下一年度拟购置资产的品目、数量、测算经费额度，报主管部门审核、财政部门审批后，才能列入预算进行购买；③原有旧仪器原价 888 万元，已超过使用年限且无法满足工作需要，在报经主管部门批准后予以报废，将处置收入列入年度预算，留归本单位使用。

（4）关于绩效管理。为提高财政资金使用效益，加快财政资金执行进度，根据国家有关规定，制定了甲单位绩效管理办法。绩效管理办法规定：①预算绩效管理应在关注预算投入的同时重视预算产出，将绩效目标设定、绩效跟踪、绩效评价及结果应用纳入预算编制、执行、考核全过程；②预算绩效管理应坚持"目标管理原则、绩效导向原则、责任追究原则、信息公开原则"；③甲单位整体支出绩效目标和二级项目绩效目标，由财政部批复；绩效目标确定后，一般不予调整。

（5）关于内部控制。甲单位严格执行"收支两条线"管理规定，在收取政府非税

收入时，按照规定项目和标准征收政府非税收入，并开具增值税发票，做到收缴分离、票款一致，及时、足额上缴国库或财政专户，绝不允许发生任何形式的截留、挪用或者私分。

假定不考虑其他因素。

要求：

根据国家部门预算管理、预算绩效管理、政府采购、国有资产管理等有关规定，回答下列问题：

1. 分别判断资料（1）中财务处的建议①和②是否存在不当之处；对存在不当之处的，分别说明理由。

2. 分别判断资料（2）中采购中心的建议①和②是否存在不当之处；对存在不当之处的，分别说明理由。

3. 分别判断资料（3）中国有资产管理处的建议①～③是否存在不当之处；对存在不当之处的，分别说明理由。

4. 分别判断资料（4）中绩效管理办法事项①～③是否存在不当之处；对存在不当之处的，分别说明理由。

5. 根据资料（5），指出甲单位的做法是否妥当；如不妥当，请说明理由。

案例分析题九（本题 20 分）考核金融工具会计＋并购会计

甲公司是一家在深圳证券交易所上市公司，主要从事通信设备的研发和生产。甲公司发生的部分融资、风险管理和投资并购业务及相关会计处理资料如下：

（1）2024 年 2 月 15 日，甲公司从证券市场购入丙公司当日发行的 10 年期可转换公司债券，支付购买价款 888 万元，另外支付交易费用 0.35 万元。该债券的未来现金流无法通过"合同现金流量特征"测试，将其分类为以公允价值计量且其变动计入当期损益的金融资产。12 月 31 日，甲公司研究发现，丙公司由于受经济下行影响，现金流紧张，预计无法按期支付该债券本息。据此，甲公司对该债券计提了减值损失，计入当期损益。

（2）2024 年 1 月 28 日，甲公司由于销售不畅导致流动资金紧张，将购入的上述丙公司债券全部出售给 A 公司，出售价格为 919 万元；同时约定，甲公司 1 年后将按当日市场价格从 A 公司回购该债券。据此，甲公司未终止确认该金融资产，并将收到的价款确认为金融负债。

（3）2024 年 1 月 18 日，甲公司向 B 公司定向发行股票 2 000 万股，发行价每股 5 元，收到资金 1 亿元，用于 5G 通信设备扩建工程。融资协议同时约定，甲公司向 B 公司每年支付固定股息 480 万元，8 年后甲公司按照股票发行价格回购该股票。据此，甲公司在会计处理时，将该股票分类为权益工具。

（4）随着国际贸易业务的不断增加，甲公司外币结算业务日益频繁，日常外汇收支不匹配。为规避外汇市场风险，防范汇率大幅波动对公司生产经营、成本控制造成的不良影响，甲公司与银行等金融机构开展外汇套期保值业务，以减少汇率波动对公司业绩的影响。甲公司为了满足生产经营需要，已签订2年后从境外购入生产所需原材料的合同。为了锁定远期汇率，2024年1月18日甲公司与中国银行签订了2年到期时购入4 000万美元的远期外汇合同，约定汇率为1美元等于6.8元人民币，并按净额结算。据此，甲公司在该套期满足运用套期会计方法条件情况下进行了如下会计处理：

①将该套期分类为现金流量套期。

②将远期外汇合同产生的利得或损失计入了当期损益。

③确定购入原材料的人民币成本为购入原材料约定的美元合同价款与当日即期汇率的乘积。

（5）甲公司和乙公司同受F公司的控制，甲公司投资于乙公司情况如下：

①2023年2月10日，甲公司自公开市场以6.8元/股购入乙公司股票2 000万股，占乙公司发行在外股份数量的4%，取得股票过程中另支付相关税费等40万元。甲公司在取得该部分股份后，未以任何方式参与乙公司日常管理，也未拥有向乙公司派出董事会及管理人员的权利。甲公司管理该项金融资产的业务模式为长期持有，获取稳定的分红。

②2023年12月31日，乙公司股票的收盘价为8元/股。

③2024年1月31日，甲公司自公开市场进一步购买乙公司股票20 000万股（占乙公司发行在外普通股的40%，合计持有乙公司44%股份），购买价格为8.5元/股，支付相关税费400万元。当日，有关股份变更登记手续办理完成，乙公司可辨认净资产账面价值为38亿元，可辨认净资产公允价值为40亿元。

购入上述股份后，甲公司立即对乙公司董事会进行改选，改选后董事会由7名董事组成，其中甲公司派出4名成员。乙公司章程规定，除公司合并、分立等事项应由董事会2/3成员通过外，其他财务和生产经营决策由董事会1/2以上（含）成员通过后实施。

④2024年，甲公司与乙公司的交易或事项如下：1月20日，甲公司自乙公司购进一批产品，该批产品在乙公司的成本为800万元，甲公司的购买价格为1 100万元。

（6）甲公司其他投资情况如下：

①甲公司拥有G公司有表决权资本的80%。因G公司的生产工艺技术落后，难以与其他生产类似产品的企业竞争，甲公司预计G公司2024年的净利润将大幅下降且其后仍将逐年减少，甚至发生巨额亏损。为此，董事会决定，不将G公司纳入2024年度合并财务报表的合并范围。

②甲公司拥有Z公司有表决权资本的70%。因生产过程及产品不符合新的环保要求，Z公司已于2024年11月停产，在年末前已进入清算程序。为此，董事会决定，不将Z公司纳入2024年度合并财务报表的合并范围。

假定不考虑其他因素。

要求：

1. 根据资料（1），判断甲公司计提减值会计处理是否正确；如不正确，指出正确的会计处理。

2. 根据资料（2），判断出售金融资产未终止确认的会计处理是否正确；如不正确，指出正确的会计处理。

3. 根据资料（3），判断发行股票的分类是否正确；如不正确，指出正确的分类。

4. 根据资料（4），分别判断事项①～③的会计处理是否正确；如不正确，指出正确的会计处理。

5. 根据资料（5），回答下列问题：

（1）指出甲公司于 2023 年 2 月 10 日购入的乙公司股票应如何分类，并说明理由；确定甲公司取得的金融资产的初始入账金额。

（2）计算甲公司持有乙公司股票在 2023 年 12 月 31 日公允价值变动的金额，并指出公允价值变动的处理方法。

（3）指出甲公司并购乙公司的合并日，计算甲公司在合并中取得的乙公司净资产的入账价值的金额。

（4）计算甲公司在合并中取得的乙公司净资产的入账价值与为进行企业合并支付的对价账面价值之间的差额金额，并指出该差额应如何处理。

（5）2024 年 12 月 31 日甲公司将乙公司纳入合并范围，请指出在编制合并利润表时，是否应将 1 月 20 日的交易进行抵销处理？在编制合并资产负债表时，是否应该调整合并资产负债表年初数？

6. 根据资料（6），分别判断事项①～②的会计处理是否正确，并说明理由。

2024 年度高级会计资格
《高级会计实务》全真模拟试题（一）
参考答案及解析

案例分析题一

1. 甲公司面临的国内行业竞争程度较为激烈，这可以从两个方面得到反映。一是现有企业间的竞争十分激烈；二是新进入企业也跃跃欲试，会进一步加剧行业竞争程度。

2. 甲公司选择了成长型战略中的密集型战略，分别体现为市场开发和产品开发战略。

3. 一是研发能力；二是营销能力。

4. 甲公司应采用扩张型财务战略，其优点是通过新产品或市场发展空间，给公司带来新的利润增长点和现金流；缺点是一旦失误，财务状况会恶化。

案例分析题二

1. 从公司 2023 年预算实际执行情况来看，存在以下特征或问题：（1）与上年同比增减数据显示，营业收入、净利润、经营现金流均明显下降，分别下降了 27.18%、134.16%、121%。尤其是归母净利润下降幅度更大，说明公司的成本结构中固定成本占比较大，导致经营弹性大，营业收入变化对净利润波动的影响程度较高。此外，经营现金净流量出现负值，说明在存货、往来款等营运资本管理方面存在改进空间。（2）与本年预算相较，预算执行偏离度太大，说明在预算编制时没有充分考虑到外部环境的巨大变化和发展趋势，期间也没有适时进行预算调整。

2. 公司在组织编制 2024 年度预算时在总体原则上不应该轻易变更业务模式，也不应该删除重大投资项目。预算应严格遵循战略导向原则。同时，公司目前的资产负债率（54.79%）尚处于良性区间，充分盘活存量资源，适度增加负债，在总体风险可控的前提下，积极投资完成战略布局，为未来增添发展动力。

3. 绩效评价的目标值的确定可参考内部标准和外部标准。内部标准有预算标准、历史标准等。外部标准有行业标准、竞争对手标准、标杆标准等。甲公司应该同时参考内部标准和外部标准，并加大外部标准的比重。尤其在当下甲公司所在行业处于艰难期时，参考外部标准可以让管理者更加关注外部环境和同业竞争者的动态趋势和业绩水准，发现差异及时改进，同时也保证了绩效考评的可比性和公平性。

4. 平衡计分卡聚焦于企业战略，从财务、客户、内部业务流程、学习与成长四个维度，将战略目标逐层分解转化为具体的、相互平衡的绩效指标体系，并据此进行绩效管理的方法。平衡计分卡的核心理念是：利润最大化是短期的，企业应体现战略目标，致力于追求未来的核心竞争能力。采用多重指标、从多个维度或层面对企业或分部进行绩效评价更加客观全面。

平衡计分卡的有效应用，应遵循以下三个原则：（1）各个层面的指标间具有因果关系。（2）结果计量指标与绩效动因相关联。（3）与财务指标挂钩。

案例分析题三

1. 资料（1）中：

①主要风险：美元汇率将保持较大幅度升值，可能导致原材料成本上升。

②主要风险：行业内企业数量增加较快市场竞争不断加剧，可能导致公司产品市场占有率下降。

③主要风险：应收账款数额增速过快，可能导致信用损失增加。

2. 资料（1）中：

①外汇风险从能否为企业带来盈利等机会方面看，属于机会风险。

理由：机会风险是指能够带来损失和盈利的可能性并存的风险，汇率变动可能给企业带来损失，也可能带来盈利。

3. 不存在不当之处。

注：本考点考核了风险管理目标、风险管理的作用、风险分析中的定性分析。

4. 资料（3）中：

①应对策略：风险分担（或风险对冲）。

理由：风险分担指采取各种手段，引入多个风险因素或承担多个风险，使得这些风险能够互相对冲。本处采取的是风险分担中的风险对冲，即通过套期保值实现风险对冲。

②应对策略：风险降低（或风险转换）。

理由：风险降低是指企业在权衡成本效益之后，采取适当的控制措施降低风险或者减轻损失，将风险控制在风险承受度之内的策略。本处企业决定增加研发投入，开发新产品，将企业面临的风险转换成另一种风险，使得总体风险在一定程度上降低，属于风险降低中的风险转换策略。

③应对策略：风险降低（或风险补偿）。

理由：风险补偿是指企业对风险可能造成的损失采取适当的措施进行补偿，以期降低风险，本处计提风险准备金属于风险降低中的风险补偿策略。

5. 资料（4）中：

①存在不当之处。

不当之处：将董事会与经理层融为一体。

理由：董事会应当独立于经理层，对内部控制的设计与运行进行监控。

②不存在不当之处。

注：本处考核重要性原则的运用。

③不存在不当之处。

注：发表无保留审计意见必须同时符合两个条件：企业按照内部控制有关法律法规以及企业内部控制制度要求，在所有重大方面建立并实施有效的内部控制；注册会计师按照有关内部控制审计准则的要求计划和实施审计工作，在审计过程中未受到限制。

案例分析题四

1. 公司应采用成长型战略，主要是密集型战略中的市场开发战略和产品开发战略，因为公司一方面拓展现有产品市场范围，另一方面积极开发新产品。

2. 所需流动资产增量 $= (20 \times 30\%) \times (2 + 8 + 6) \div 20 = 4.8$（亿元）；所需外部净筹资额 $= 4.8 - (20 \times 30\%) \times (8 \div 20) - 20 \times (1 + 30\%) \times 10\% \times (1 - 80\%) = 1.88$（亿元）。

3. 判断：公司长期借款筹资战略规划可行。

理由：如果公司 2023 年外部净筹资额全部通过长期借款来满足，将会使公司资产负债率提高到 71.83\% $[(10.4 + 12 + 1.88) \div (29 + 4.8) \times 100\%]$，这一比例没有越过 75\% 的资产负债率"红线"，所以可行。

4. A 产品全国市场增长率 13\%（ $>10\%$ ），相对市场份额 $= 2\,600 \div 4\,200 = 0.62$（ <1 ），因此 A 产品属于市场增长率高、市场相对份额低的问号类产品；B 产品全国市场增长率 6\%（ $<10\%$ ），相对市场份额 $= 8\,800 \div 22\,000 = 0.4$（ <1 ），因此 B 产品属于市场增长率低、市场相对份额低的瘦狗类产品；C 产品全国市场增长率为 1\%（ $<10\%$ ），相对市场份额 $= 14\,500 \div 11\,000 = 1.31$（ >1 ），因此 C 产品属于市场增长率低、相对市场份额高的金牛类产品。

案例分析题五

1. 分配率 $= 18 \div (5 + 4) = 2$

A 产品应分配的环境成本 $= 5 \times 2 = 10$（万元）

B 产品应分配的环境成本 $= 4 \times 2 = 8$（万元）

2. 计算过程如下表所示。

作业成本库	消耗资源（万元）	成本动因	分配率	分配额（万元）		作业量	
				A 产品	B 产品	A 产品	B 产品
废弃物搬运成本库	20 000	搬运次数（次）	20	2 000	18 000	100	900
焚化炉启动成本库	40 000	启动次数（次）	400	16 000	24 000	40	60
焚化炉运转成本库	80 000	运转小时（小时）	80	48 000	32 000	600	400
废弃物弃置成本库	40 000	吨数（吨）	40	18 000	22 000	45	55
合计	180 000			84 000	96 000		

A 产品分摊 84 000 元；B 产品分摊 96 000 元。

3. B 产品。理由：废弃物搬运的作业动因是搬运次数，B 产品的搬运次数最高，并且单位搬运成本也最高。

4. 第①项：历史环境成本；第②项：运营环境成本；第③项：未来环境成本。

案例分析题六

1. 并购动机：（1）寻求发展动机。迅速实现规模扩张；突破进入壁垒和规模限制，利用乙公司现有的全球供应链和市场网络，实现全球布局；加强市场控制力，在全球优质奶源基地布局和婴幼儿配方奶粉的品牌影响力等方面获取竞争优势。（2）发挥协同效应。尤其是在上游奶源基地和下游市场网络、国内与国际两个市场的双循环协同发展等方面的经营协同效应明显。

2. 并购决策分析计算：

并购溢价 = 182 − 160 = 22（亿元）

并购净收益 = 50 − 22 − 0.8 = 27.2（亿元）

托宾 Q（按实际并购成本口径）= 182 ÷ 200 = 0.91 < 1

并购净收益显著大于 0，并且托宾 Q 值小于 1，所以从财务分析角度，此次并购可行。

3. 由于合并参与方之前不存在关联方关系，本次合并属于非同一控制下的企业合并，合并会计方法适用购买法，采用公允价值计量，合并差额确认为商誉。

合并商誉 = 合并成本 − 取得的可辨认净资产公允价值 = 182 − 120 = 62（亿元）

4. 并购类型：控股并购；横向并购；善意并购；协议收购 + 要约收购。

5. 并购后整合策略：共存型整合。理由：共存型整合的并购双方在战略和资源上相互依赖和支持，但保持各自的法人地位，相对独立开展经营管理。

案例分析题七

1. 不存在不当之处。

注：本处考核了财务共享的含义（本质）。

2. 不恰当。

理由：集团财务管理部门的职能应包括投融资，投融资不应是分、子公司的财务职能。

3. 信息中心主任发言①体现的是"企业通过云软件可以实现与上下游企业及政府税务系统的信息共享"。

4. 信息中心主任发言②存在不当之处。

不当之处："业财融合更强调业务部门主动为财务部门服务，为财务部门编制反映业绩提供更多的支持"。

理由：站在财会人员的角度来说，业财融合更强调财会部门（人员）主动服务业务部门，主动了解业务部门（人员）开展业务活动的需求，进而利用财务专业工具和方法提供服务和支持。

信息中心主任发言③存在不当之处。

不当之处："业财融合的根本目标是在优化企业管理的前提下，通过财务部门揭示企业创造的价值，实现财务报表中企业整体效益的提升"。

理由：业财融合的根本目标是优化企业管理，通过降低成本或提高收入、优化流程或提高决策效率和效果等途径，实现企业整体效益的提升。

5. 纪委书记发言①不恰当。

不恰当之处："以财会监督为主导，突出经济属性"。

理由：财会监督总体原则应坚持以完善党和国家监督体系为出发点，以党内监督为主导，突出政治属性。

纪委书记发言②恰当。

注：本处考核财会监督工作要求中的"坚持问题导向，分类精准施策"这一工作要求。

案例分析题八

1. 资料（1）中：

①不正确。

理由：鉴于能否成功 IPO 不受甲公司控制，甲公司不能避免赎回该股票，即企业不能无条件地避免以交付现金或其他金融资产来履行一项合同义务，该工具应分类为金融负债。

注：该业务是典型的"明股实债"，甲公司发行股票时账务处理如下（单位：

万元）：

借：银行存款　　　　　　　　　　　　　　　　　　　　　　　　10 000
　　贷：股本　　　　　　　　　　　　　　　　　　　　　　　　2 000
　　　　资本公积——股本溢价　　　　　　　　　　　　　　　　8 000
借：库存股　　　　　　　　　　　　　　　　　　　　　　　　　10 000
　　贷：长期应付款　　　　　　　　　　　　　　　　　　　　　10 000

②不正确。

理由：作为国有企业，上缴利润也属于向股东分红，即甲公司上缴国有资本收益导致甲公司不可以递延利息的支付，因而承担未来需要付息的合同义务。甲公司不能无条件地避免在未来交付现金或其他金融资产的合同义务，该永续债应当分类为金融负债。

2. 资料（2）中：

①不正确。

理由：附追索权方式出售金融资产，表明企业保留了金融资产所有权上几乎所有的风险和报酬，不应当终止确认相关金融资产，不确认损益，应将收到的款项确认为金融负债。

②不正确。

理由：企业出售金融资产，同时与转入方签订看跌期权合约，且该看跌期权为深度价外期权，表明企业已经转移了该项金融资产所有权上几乎所有的风险和报酬，应当终止确认该金融资产，并将收到的价款与金融资产账面价值的差额计入当期损益。

3. 资料（3）中：

①不存在不当之处。

注：股权期权的特点是高风险、高回报，适合处于成长初期或扩张期的企业。

②存在不当之处。

理由：中小市值中央企业控股上市公司首次实施股权激励计划授予的权益数量占公司股本总额的比重，最高可以由 1% 上浮至 3%，本处已达 4%（200÷5 000）。

③存在不当之处。

理由：国有控股境内上市公司，采用股票期权激励方式的，行权有效期不得低于 3 年。

④存在不当之处。

理由：上市公司不得为激励对象依股权激励计划获取有关权益提供贷款以及其他任何形式的财务资助，包括为其贷款提供担保。

⑤存在不当之处。

理由：上市公司应当在召开股东大会前公示激励对象的姓名和职务，公示期不少于 10 天。

⑥不存在不当之处。

注：本处考核股份支付中权益结算的会计处理。

4. 资料（4）中：

①甲公司并购乙公司，属于非同一控制下企业合并。

理由：参与合并的各方在合并前后不受同一方或相同多方最终控制（或：甲公司与乙公司、丙公司不存在关联关系）。

②合并成本＝发行权益性证券的公允价值 500 万股×20 元/股＝10 000（万元）

注：甲公司支付的 80 万元评估费用直接计入当期管理费用。

③合并商誉＝合并成本 10 000 － 取得的可辨认净资产的公允价值份额 11 000×90%＝10 000 － 9 900 ＝100（万元）。

④甲公司在购买日编制合并资产负债表时，合并中取得的被购买方（乙公司）各项可辨认资产、负债应以其在购买日的公允价值计量。

5. 资料（5）中：

①做法不正确。

理由：无形资产摊销年限属于会计估计，甲公司在编制合并财务报表前，不需要调整乙公司的摊销年限。

②做法正确。

注：母公司与子公司、子公司相互之间发生的经济业务，对整个企业集团财务状况和经营成果影响不大时，为简化合并手续也应根据重要性原则进行取舍，可以不编制抵销分录而直接编制合并财务报表。

案例分析题九

1. 资料（1）中：

建议①存在不当之处。

理由：部门所属单位预决算公开的时间为部门批复后 20 日内。

建议②不存在不当之处。

注：本处考核预决算公开的内容要求。

2. 资料（2）中：

建议①不存在不当之处。

建议②不存在不当之处。

建议③存在不当之处。

理由：财政拨款资金和教育收费专户管理资金应当编制用款计划，单位资金暂不编制用款计划。

3. 建议不存在不当之处。

注：本处考核政府采购的内部控制措施。

4. 资料（4）中：

建议①存在不当之处。

理由：处置单位价值或批量价值（账面原值）1 500 万元以上（含 1 500 万元）的

国有资产，应当经各部门审核同意后报财政部当地监管局审核，审核通过后由各部门报财政部审批。

建议②存在不当之处。

理由：国有资产处置收入，应当在扣除相关税金、资产评估费、拍卖佣金等费用后，按照政府非税收入和国库集中收缴管理有关规定上缴中央国库。

建议③存在不当之处。

理由：同一部门上下级单位之间和部门所属单位之间，不得相互捐赠资产。

建议④不存在不当之处。

注：本处考核资产的内部控制。

5. 资料（5）中：

建议①不存在不当之处。

建议②不存在不当之处。

建议③存在不当之处。

理由：绩效监控采用目标比较法，用定量分析和定性分析相结合的方式，将绩效实现情况与绩效目标进行比较，对目标完成、预算执行、组织实施、资金管理等情况进行分析评判。

2024 年度高级会计资格
《高级会计实务》全真模拟试题（二）
参考答案及解析

案例分析题一

1. 可持续增长率 $=0.6 \times 10\% \times 2 \times 0.5 \div (1-0.6 \times 10\% \times 2 \times 0.5) =0.06 \div 0.94 = 6.38\%$。

或者：可持续增长率 $=$ 权益净利率 $\times$ 收益留存率 $\div$（$1-$ 权益净利率 $\times$ 收益留存率）$=$（$100 \div 1\,000$）$\times$（$60 \div 100$）$\div$ [$1-$（$100 \div 1\,000$）$\times$（$60 \div 100$）] $=0.1 \times 0.6 \div (1-0.1 \times 0.6) =6.38\%$。

2. 公司收购下游企业实现销售渠道的整合，目的是实现进一步的发展，其从公司战略类型角度来看是公司成长战略中的一体化战略，由于是收购渠道，所以是纵向一体化战略，而且是其中的前向一体化战略。

3. 总经理说法正确，因为公司战略选择需要结合适用条件。企业可能会由于资源状况不足，使其抓不住新的发展机会，因而选择相对稳定的战略态势。总经理选择的是稳定型发展战略。

4. 设销售净利率为 x，则：$x \times 10\% \times 2 \times 0.5 \div (1-x \times 10\% \times 2 \times 0.5)=10\%$，计算得到 $x=90.9\%$。

5. 销售资产方式融资。

6. 总部结算中心模式。集团资金管理的好处主要有：增强集团融资与偿债能力；优化资源配置；加速集团内部资金周转，提高资金使用效率。

案例分析题二

1. 存在不当之处。
第一，预算编制依据的相关信息不足，基础数据不足，可能造成预算目标与战略规划、经营计划、市场环境、企业实际等相脱离，预算编制准确率降低。

第二，预算的下达采用非正式方式，可能导致预算执行或考核无据可查。

第三，预算编制的方法选择不当，或强调采用单一的方法。预算编制的程序不规范，可能导致预算目标缺乏准确性、合理性和可行性。

2022 年之前采取的预算编制方式为权威式（自上而下式），2022 年采取的预算编制方式为混合式预算或上下结合式预算，采用的预算编制方法为增量预算法。

2. 存在不当之处。

预算目标的设定不符合可行性和适应性原则。

成本费用预算目标值 = 1 000 × (1 − 50%) = 500 （亿元）

利润总额预算目标值 = 500 × 30% = 150 （亿元）

3. 根据资料（3）判断，甲公司遵循的预算控制原则：加强过程控制、突出管理重点。其他的预算控制原则包括：刚性控制与柔性控制相结合、业务控制与财务控制相结合。

4. 预算调整理由是合理的。程序不合规。

理由：首先仅列举预算调整理由不够充分，还需要考虑预算调整对整体的影响。

预算调整的程序包括：分析、申请、审议、批准。办公室无权审批预算调整申请。

5. 属于结果类指标。

经济增加值 = 10 000 − (65 000 − 3 500) × 10% = 3 850 （万元）

案例分析题三

1. 资料（1）中：

①不存在不当之处。

②存在不当之处。

理由：应用风险矩阵所确定的风险重要性等级是通过相互比较确定的，因而无法将列示的个别风险重要性等级通过数学运算得到总体风险的重要性等级，无法进行量化分析。

或：在合理的范围内，通过改变输入参数的数值来观察并分析相应输出结果，评价潜在事件的正常或日常变化的影响，该方法属于敏感性分析，而不是风险矩阵坐标图。

2. ①采取的风险应对策略属于风险承受。

注：风险承受是指企业对所面临的风险采取接受的态度，从而承担风险带来的后果。继续采用行之有效的措施，属于风险承受策略。

②采取的风险应对策略属于风险降低（风险控制）。

注：风险控制是指控制风险事件发生的动因、环境、条件等，来达到减轻风险事件发生时的损失或降低风险事件发生的概率的目的。

③采取的风险应对策略属于风险规避。

3. 资料（3）中：

①存在不当之处。

理由：企业各有关职能部门和业务单位是风险管理的第一道防线；风险管理职能部门和董事会下设的风险管理委员会是第二道防线；内部审计部门和董事会下设的审计委员会是第三道防线。

②不存在不当之处。

4. 资料（4）中：

①不存在不当之处。

②存在不当之处。

理由：内部控制专职机构的职责一般包括制定内部控制手册并组织落实；内部审计部门在评价内部控制的有效性，以及提出改进建议等方面起着关键作用。

5. 资料（5）中：

①不存在不当之处。

注：本处考核了内部控制评价的定义和评价内容。

②存在不当之处。

理由：内部控制评价是企业董事会对各类内部控制目标实施的全面评价；内部控制审计是注册会计师侧重对财务报告内部控制目标实施的审计评价。

③存在不当之处。

理由：注册会计师认为财务报告内部控制存在一项或多项重大缺陷的，除非审计范围受到限制，应对财务报告内部控制发表否定意见。

案例分析题四

1. 由于并购后甲公司存续，而乙公司解散，故属于吸收合并；若从竞争角度看，由于乙公司属于甲公司的竞争者，两企业处于同行业同地域，因此该并购为横向并购。

2. 经济增加值 $EVA =$（营业利润 + 研发费用 + 利息支出）$\times(1-25\%)$ - 资本占用 $\times$ 综合资本成本率 $=(20\,000+1\,000+10\,000)\times(1-25\%)-(74\,000+96\,000)\times10\% = 31\,000-170\,000\times10\% = 14\,000$（万元）

（说明：利息费用和研发费用资本化均未相应调整资本占用）

3. 收购市盈率 $P/E = 150\,000 \div 13\,600 = 11.03$（倍）

4. 乙公司的企业价值 $EV =$ 股权的市场价值 +（有息债务 - 超额现金）$= 150\,000 + (74\,000 - 5\,000) = 219\,000$（万元）

5. $EV/EBITDA = 219\,000 \div (20\,000 + 10\,000 + 10\,000) = 5.48$（倍）

（说明：$EBITDA =$ 营业利润 + 利息支出 + 折旧费用）

6. 从可比公司 A 公司的 P/E 和 $EV/EBITDA$ 这两项指标来看，A 公司 P/E 值（10.8）略小于乙公司（11.03）；A 公司 $EV/EBITDA$ 指标（6 倍）略高于乙公司

（5.48倍）。由于不同的计算方法估计的公司价值结果会有些许差异，应考虑到公司并购后将会以更快的速度发展以及潜在的并购协同价值，因此从整体上而言，公司的并购价格是合理的。

7. 融资方案一（向战略投资者进行定向增发新股）较优。

理由：为了控制企业的总体风险，企业应当选择稳健的融资战略。鉴于并购前甲公司资产负债率已经高企（66.7%），如果再加大借款幅度，将进一步增加财务杠杆，容易导致风险失控。选择股权融资方案将为公司提供稳定的长期资金来源，降低资产负债率，有助于降低财务风险。但缺陷是股权融资在企业经营效率不能得到实质性提升的情形下，会摊薄业绩，降低每股收益和净资产收益率。

8. 企业绩效管理的原则：（1）目标导向原则。（2）客观公正原则。（3）共同参与原则。（4）注重反馈原则。（5）持续反馈原则。（6）激励约束原则。

绩效目标的制定应遵循SMART法则：（1）具体化原则。绩效目标应该尽可能地细化、具体化。（2）可量化原则。绩效目标要能够被准确衡量，要有可供比较的标准。（3）可实现原则。绩效目标通过努力就能实现，兼具挑战性和可行性。（4）相关性原则。绩效目标体系要与组织战略目标相关联，个人绩效目标要与组织绩效目标和部门绩效目标相关联。（5）时限性原则。完成绩效目标需要有时间限制。

案例分析题五

1. 目标成本 = 37 200 × 50% = 18 600（元）；销售利润率 = （37 200 − 18 600 − 10 000）÷ 37 200 = 23.1%。

2. 不应该批准，由于该产品的目标成本尚未达到，试产的实际成本21 020元应该批准大于目标成本18 600元，应继续进行改进设计、继续研发。

3. 变动成本法下的单位产品成本 = 7 200 + 5 600 + 4 200 = 17 000（元）；计划单位产品边际贡献 = 37 200 − 17 000 = 20 200（元）。

4. 应该接受。理由：在产能富余的情况下，边际贡献大于零即可接单。（或：在变动成本法下，是否接受追加订单的决策，要看接受追加订单所带来的边际贡献是否大于该追加订单所引起的相关成本。如果追加订单不会影响正常订单的实现，只要追加订单量在企业剩余生产能力范围内，且剩余生产能力无法转移，同时不需追加投入专属成本，那么只要追加订单能够产生边际贡献，即追加订单的单价大于该产品的单位变动成本，就应当接受该追加订单）

案例分析题六

1. 资料（1）中：

①按财务共享服务中心覆盖的范围划分，属于全范围财务共享服务中心。

理由：如果企业的财务共享服务中心处理的业务覆盖了企业集团全部的业务，就是全范围财务共享服务中心。

②按财务共享服务中心的运作模式分类，属于成本中心模式。

理由：成本中心模式是指财务共享服务中心只是企业内部的一个成本中心，仅为企业内部分、子公司提供财务服务，不收取服务费用。

2. 资料（2）中：

①不存在不当之处。

注：本处考核财务共享服务的战略定位。

②存在不当之处。

理由：确定财务共享服务中心选址时，首先需要明确要建设的财务共享服务中心的种类，然后需要考虑备选区域的成本、环境、人力资源和基础设施等因素。

③存在不当之处。

理由：信息系统是财务共享服务实施的载体，支撑财务共享服务中心完成各项工作，企业集团需要在原有的信息系统的基础上进行改造和升级，包括新建支撑财务共享服务的核心系统，改造升级周边财务系统和相关业务系统，使其与再造后的业务流程匹配，保证财务共享运行效果，提高运作效率。

3. 资料（3）中：

①不存在不当之处。

本处考核费用报销子系统的内容。

②不存在不当之处。

本处考核采购与应付账款子系统的内容。

4. 资料（4）中：

①存在不当之处。

理由：财务共享服务中心将成为更强意义上企业的数据中心，开展各种数据的分析，对数据进行深度挖掘，通过高效的报告系统，实现各类业务数据的实时可视化呈现和分发，为企业管理者提供决策依据。

②存在不当之处。

理由：机器人流程自动化的优点是能处理大量、重复性的工作，还能24小时不间断地执行任务，大大降低了人力成本，提升了工作效率。只要设计好程序，前期做好流程、文件、数据的标准化，RPA 就能做到零出错，避免人为造成的错误，并且 RPA 是非侵入式的程序，其应用不改变原有的 IT 结构和系统。

5. 资料（5）中：

①恰当。

注：本处考核战略制定层面的融合。

②不恰当。

理由：在预算编制的环节，应以业务及经营计划为根本，按照业财融合的思想，调动业务部门的积极性，基于客户基础、业务交易结构及相关业务预测数据来编制预算，任何一个预算数字都必须体现业务经营目标及具体行动方案。

6. 资料（6）中：

①恰当。

注：本处考核财会监督体系与内容中的第一道防线。

②不恰当。

理由：各级财政部门作为本级财会监督的主责部门，牵头组织对财政、财务、会计管理法律法规及规章制度执行情况的监督，应该作为第五道防线。

案例分析题七

1. 资料（1）中：

建议①存在不当之处。

理由：预算执行中发生的短收，中央部门应当报经财政部批准后调减当年预算，当年的财政补助数不予调整。

建议②不存在不当之处。

建议③存在不当之处。

理由：单位自评指标的权重，原则上预算执行率和一级指标权重统一设置为：预算执行率10%、产出指标50%、效益指标30%、服务对象满意度指标10%。

2. 资料（2）中：

建议①不存在不当之处。

建议②存在不当之处。

理由：采购集中采购目录以内品目，以及与之配套的必要耗材、配件等，属于小额零星采购的，可以采用框架协议方式采购。

3. 资料（3）中：

建议①不存在不当之处。

建议②不存在不当之处。

建议③存在不当之处。

理由：处置单位价值或批量价值（账面原值）1 500万元以下的国有资产，由各部门自行审批。

案例分析题八

1. ①按照企业合并方式划分，甲公司并购乙公司属于控股合并。

按照企业合并类型划分，甲公司并购乙公司属于同一控制下的企业合并。

②甲公司在合并日长期股权投资的入账价值＝合并中取得的净资产（乙公司净资产账面价值14 000）×55%＝7 700（万元）。

③甲公司在合并日取得的净资产的入账价值与为进行企业合并支付的对价账面价值之间的差额，应当调整合并方资本公积（股本溢价），资本公积（股本溢价）的余额

不足冲减的，应冲减留存收益。

甲公司取得净资产账面价值7 700万元，与发行股本1 650万元之间的差额为6 050万元，应计入资本公积（股本溢价）的贷方，不存在资本公积不足冲减的问题，计入留存收益的金额为零。

注：合并日甲公司的账务处理：

借：长期股权投资——乙公司　　　　　　　　　　　　　　　7 700
　　贷：股本（1 650×1）　　　　　　　　　　　　　　　　　1 650
　　　　资本公积——股本溢价　　　　　　　　　　　　　　　6 050

2. 资料（2）中：

①正确。

注：甲公司不再保留任何权利和义务，属于无条件出售金融资产，风险报酬已经转移，应终止确认金融资产，将收到的价款0.8亿元与金融资产账面价值1亿元的差额0.2亿元，确认为当期损益。

②不正确。

理由：企业出售金融资产，同时与转入方签订看涨期权合约，且该看涨期权为一项价内期权，即到期时甲公司按照固定价格6 300万元购回该债券，风险报酬未转移，不应终止确认该债券，应将收到的6 000万元确认为金融负债，确认利息费用300万元。

3. 恰当。

注：甲公司借入5亿美元，形成负债；如果美元升值，人民币负债将会增加；为回避美元升值，应采取买入套期保值，即与金融机构签署买入5亿美元的远期外汇契约，从而锁定了远期汇率。

4. 甲公司签署买入5亿美元的远期外汇契约体现了套期保值的四个原则：种类相同、数量相等、交易方向相反、月份相同。

5. 不正确。

理由：甲公司签订一项以浮动利率换固定利率的利率互换合约，对其承担的浮动利率债务的利率风险引起的现金流量变动风险敞口进行套期，应分类为现金流量套期。

6. 甲公司不应将A公司纳入合并范围。

理由：甲公司仅是财务投资，享有按持股比例分配股利的权利，甲公司对A公司不拥有权力，不满足控制三要素（投资方拥有对被投资方的权力、投资方因参与被投资方的相关活动而享有可变回报、投资方有能力运用对被投资方的权力影响其回报金额），对A公司没有控制权。

案例分析题九

1. 资料（1）中：

事项①不存在不当之处。

注：本处考核了预决算的公开时间、公开方式、公开内容（部分）。

事项②存在不当之处。

理由：预算执行过程中，如发生项目变更、终止的，必须按照规定的程序报经财政部批准，并进行预算调整。

事项③存在不当之处。

理由：试点单位办理资金支付业务时，应当通过中央一体化系统填报资金支付申请，试点单位原则上应当通过预算单位零余额账户支付资金；未开设预算单位零余额账户的试点单位通过财政零余额账户支付资金。

事项④存在不当之处。

理由：绩效监控包括及时性、合规性和有效性监控。

2. 资料（2）中：

事项①不存在不当之处。

注：下列情形不得参加政府采购：被宣告破产的；尚欠缴应纳税款或社保费；因违法行为，被依法限制或者禁止参加政府采购；前三年内在经营活动中存在重大违法记录；单位负责人为同一人或者存在直接控股、管理关系的不同供应商，不得参加同一合同项下的政府采购活动等。

事项②存在不当之处。

理由：采购人应当自收到评标报告之日起 5 个工作日内，在评标报告确定的中标候选人名单中按顺序确定中标人。

事项③不存在不当之处。

注：符合下列情形之一的，可以采用框架协议：集中采购目录以内品目，以及与之配套的必要耗材、配件等，属于小额零星采购的；集中采购目录以外，采购限额标准以上，本部门、本系统行政管理所需的法律、评估、会计、审计等鉴证咨询服务，属于小额零星采购的。

事项④存在不当之处。

理由：集中采购机构或主管预算单位应当在入围通知书发出之日起 30 日内和入围供应商签订协议框架。

事项⑤存在不当之处。

理由：市场竞争不充分的科研项目，以及需要扶持的科技成果转化项目，可以采取竞争性磋商方式采购。

或者：符合下列情形之一的，可以采用询价方式采购：规格、标准统一，货源充足的现货；技术、服务标准统一，已有固定市场的服务和工程。需要扶持的科技成果转化项目不适用采用询价方式采购。

3. 资料（3）中：

事项①存在不当之处。

理由：各部门所属高等院校国有资产处置，由各部门审批。其中，已达使用年限并且应淘汰报废的国有资产，由高校自主处置，并将处置结果按季度报各部门备案。

事项②存在不当之处。

理由：各部门所属高校自主处置已达使用年限并且应淘汰报废的国有资产取得收益，留归高校，纳入单位预算，统一核算、统一管理。

事项③不存在不当之处。

注：中央级事业单位国有资产出租、出借取得的收入，应按照预算管理及事业单位财务管理和会计制度的有关规定纳入单位预算，统一核算、统一管理。

4. 资料（4）中：

事项①存在不当之处。

理由：单位应当按照审批单位下达的投资计划和预算对建设项目资金实行专款专用，严禁截留、挪用和超批复内容使用资金。

事项②不存在不当之处。

注：本处考核了内部控制评价中自我评价的实施主体、评价内容和评价报告。

2024 年度高级会计资格
《高级会计实务》全真模拟试题（三）
参考答案及解析

案例分析题一

1. X 公司是横向一体化的战略。这种战略的优缺点如下：采用横向一体化战略，企业可以有效地实现规模经济，快速获得互补性的资源和能力。此外，通过收购或合作的方式，企业可以有效地建立与客户之间的固定关系，遏制竞争对手的扩张意图，维持自身的竞争地位和竞争优势。

2. 横向一体化战略也存在一定的风险，如过度扩张所产生的巨大生产能力对市场需求规模和企业销售能力都提出了较高的要求；同时，在某些横向一体化战略如合作战略中，还存在技术扩散的风险；此外，组织上的障碍也是横向一体化战略所面临的风险之一，如并购中存在的文化不融合现象等。

3. Y 公司应避免与三个主要公司直接竞争，选择自己的目标细分市场，实行集中差异化的竞争战略。

4. Y 公司实施集中差异化战略的战略风险主要有以下几方面：

（1）竞争者可能模仿。

（2）目标市场由于技术创新、替代品出现等原因导致需求下降。

（3）由于目标细分市场与其他细分市场的差异过小，大量竞争者涌入细分市场。

（4）新进入者重新瓜分市场。

案例分析题二

1. 不恰当。财务部部长的说法不符合全面预算管理的全面覆盖原则。

2. 不恰当。因为全面预算管理的功能中，规划和计划、沟通和协调、控制与监督也很重要，不能偏废，只看重绩效评价一个功能。

3. 不妥。预算管理办公室审核通过的预算需要经过董事会审议批准并报股东大会审批后才能下达执行。

4. 算术平均增长率 = [（1 810 - 1 600）÷ 1 600 × 100% +（2 400 - 1 810）÷ 1 810 × 100% +（2 800 - 2 400）÷ 2 400 × 100%] ÷ 3 = 20.8%。

2022 年度目标利润 = 2 800 ×（1 + 20.8% + 5%）= 3 522.4（万元）。

5. 2022 年预计 EVA = 2 800 -（50 000 × 6%）= 2 800 - 3 000 = - 200（万元）。从经济增加值的表现来看，甲公司预计在 2022 年的绩效情况不佳。

案例分析题三

1. 甲公司确定的公司治理目标存在不当之处。

理由：公司治理目标不仅是股东利益的最大化，而且是保证所有利益相关者的利益最大化。

2. 资料（2）中，

事项①按来源和范围分类，属于外部风险。

理由：外部风险来源于企业外部，境外政治政策变动风险属于外部风险。

事项②按能否为企业带来盈利等机会分类，属于机会风险。

理由：机会风险是指能够带来损失和盈利的可能性并存的风险，汇率升降可能给企业带来盈利，也可能带来损失。

事项③按采取应对措施及其有效性分类，属于剩余风险。

理由：剩余风险是指在管理层建立并采取风险应对措施之后所剩余的影响目标实现的风险。

3. 资料（3）中，

事项①甲公司采取的是风险降低（风险控制）策略。

理由：通过控制风险事件发生的动因、环境、条件等，来达到减轻风险事件发生时的损失或降低风险事件发生概率的目的。

事项②甲公司采取的是风险分担（风险对冲）策略。

理由：甲公司签订远期外汇合约，引入多个风险因素，使得这些风险能够相互对冲。

事项③甲公司采取的是风险承受策略。

理由：企业对所面临的风险采取接受的态度，从而承担风险带来的后果。

4. 甲公司分析外汇贬值带来的影响所采用的是敏感性分析。

5. 甲公司董事长审批合同的做法存在不当之处。

理由：对于重大的业务和事项，企业应当实行集体决策审批或者联签制度，任何个人不得单独进行决策。

6. 甲公司的做法不存在不当之处。

案例分析题四

1. 定向增发类型。目的：一是引入战略投资者以改善公司治理与管理；二是实现资产收购；三是深化国企改革、发展混合所有制的需要。

2. 最低价格为 40 元，机构投资者承诺符合要求。按照规定，机构投资者不属于控股型股东，不需要持有 18 个月，而是满 6 个月就可以出售。

3. 转换比率 = 债券面值 ÷ 转换价格 = 200 ÷ 20 = 10

转换价值 = 转换比率 × 股票市价 = 10 × 27 = 270（元）

4. 可转换公司债券涉及的要素包括：基准股票、转换期、转换价格、赎回条款、回售条款。

5. 融资大类是分拆上市，属于其中的对已上市公司（包括母公司或下属子公司），将其中部分业务单独分拆出来后独立上市。

拆分上市可以集团多渠道融资及融资能力，形成对子公司管理层的有效激励和约束，解决投资不足问题，使母、子公司的价值得以正确评判。缺点是有向市场"圈钱"嫌疑，从而影响集团财务形象；同时使得甲公司集团治理及财务管控难度增加。

案例分析题五

1. 应该以作业成本法下的成本数据作决策，因为作业成本法下的成本可以提供更准确的成本信息，提升产品盈利能力决策的准确性。男衬衫实际成本 = 21 + 5.5 + 15 = 41.5（元）；女衬衫实际成本 = 24 + 6 + 19 = 49（元）。

2. 变动成本法下的生产成本：男衬衫 = 21 元，女衬衫 = 24 元。

3. 单位产品目标成本：男衬衫 = 80 × 40% = 32（元）；女衬衫 = 100 × 40% = 40（元）。降低成本空间：男衬衫 = 32 - 41.5 = -9.5（元）；女衬衫 = 40 - 49 = -9（元）。

4. 单位边际贡献：男衬衫 = 80 - 21 = 59（元）；女衬衫 = 100 - 24 = 76（元）。

5. （1）消除不必要作业以降低成本。（2）在其他条件相同时选择成本最低的作业。（3）提高作业效率并减少作业消耗。（4）作业共享。（5）利用作业成本信息编制资源使用计划并配置未使用资源。

案例分析题六

1. 董会计的建议不存在不当之处。

注：本处考核财务共享服务的含义（本质）。

2. 陈会计的观点存在不当之处。

理由：为了达到财务共享服务的基本目标，企业需要建设与之匹配的信息系统。企业集团需要在原有的信息系统的基础上进行改造和升级，包括新建支撑财务共享服务的核心系统，改造升级周边财务系统和相关业务系统，使其与改进后的业务流程匹配，保证财务共享运行效果，提高运作效率。

3. 财务共享服务应包括销售与收款财务核算的理由：销售与收款业务具有程序复杂、涉及的单据和记录繁多，工作量大且容易出错的特点；销售和收款业务的这些特点，加之其往往业务数量大、重复度高，以及企业对客户分类管理和对应收账款进行集中管理等内部控制要求，决定了销售和收款业务在集团范围内采用财务共享服务模式实现，能较好地体现财务共享服务的优势。

4. RPA 的优点有：能大量处理重复性的工作，还能 24 小时不间断地执行任务，大大降低了人力成本，提升工作效率。只要设计好程序，前期做好流程、文件、数据的标准化，RPA 就能做到零出错，避免人为造成的错误；RPA 是非侵入式的程序，其应用不改变原有的 IT 结构和系统。

5. 赵会计的发言体现的是"优化数据管理与分析"这一业财融合的途径。

6. 谭会计发言①不恰当。

理由：财会监督有利于企业会计准则和制度的执行，对企业的盈余管理行为发挥了积极地治理效应，提高了企业会计信息质量。

谭会计发言②不恰当。

理由：财会监督是内置于国家宏观管理过程之中的专业监督。

案例分析题七

1. 甲公司价值 = 2 × 20 × 100 = 4 000（万元）

乙公司价值 = 1 × 10 × 80 = 800（万元）

2. 乙公司交易价值 = 11.25 × 80 = 900（万元）

甲公司每股价格 = 2 × 20 = 40（元/股）

甲公司应定向增发的股份数量 = 900 ÷ 40 = 22.5（万股）

换股比例 = 22.5 ÷ 80 = 0.28125 : 1（每 1 股乙公司股份换取 0.28125 股甲公司股份）

3. 并购收益 = 5 100 − (4 000 + 800) = 300（万元）

并购溢价 = 11.25 × 80 − 800 = 100（万元）

并购费用 = 50 + 30 + 10 = 90（万元）

并购净收益 = 300 − 100 − 90 = 110（万元）

因为并购净收益大于零，所以从财务角度分析，甲公司并购乙公司是可行的。

4. 此次企业并购的企业所得税处理可能符合适用特殊性税务处理规定的申请条件。同时符合下列条件的，适用特殊性税务处理规定：（1）具有合理的商业目的，且不以减少、免除或者推迟缴纳税款为主要目的。（2）被收购、合并或分立部分的资产或股权比例符合相关规定的比例。（3）企业重组后的连续 12 个月内不改变重组资产原来的实质性经营活动。（4）重组交易对价中涉及股权支付金额符合相关规定比例（股权支付金额不低于交易支付总额的 85%）。（5）企业重组中取得股权支付的原主要股东，在重组后连续 12 个月内，不得转让所取得的股权。

本次并购交易符合特殊性税务处理条件，且采用 100% 以股换股方式，不存在非股权支付，因此乙公司股东可暂不确认股权转让所得或损失。乙公司股东取得股权支付的计税基础仍维持乙公司股权的原计税基础不变。

5. 并购交易之前两家公司不存在关联方关系，因此属于非同一控制下的企业合并，适用购买法会计核算，采用公允价值计量，合并差额需要确认商誉。合并商誉 = 合并成本 − 取得的可辨认净资产公允价值 = 900 − 600 = 300（万元）。

案例分析题八

1. 资料（1）中：

事项①不存在不当之处。

事项②存在不当之处。

理由：所有项目纳入项目库管理，年度预算安排项目从项目库中择优选取；在预算执行中需要调增当年预算的项目，应通过部门其他已列入预算安排的项目调减的当年指标解决，部门预算申请调剂时应将调增和调减的项目同时报财政部审批。

事项③存在不当之处。

理由：对当年批复的预算，预计年底将形成结转资金的部分，除基本建设项目外，中央部门按照规定程序报经批准后，可调减当年预算或调剂用于其他急需资金的支出。

2. 资料（2）中：

事项①存在不当之处。

理由：面向市场主体开展需求调查时，选择的调查对象一般不少于 3 个，并应当具有代表性。

事项②存在不当之处。

理由：采购预算金额在 1 000 万元以上的采购项目，评标委员会成员人数应当为 7 人以上单数。

3. 资料（3）中：

事项①存在不当之处。

理由：事业单位国有资产转让，应当对相关国有资产进行评估。

事项②存在不当之处。

理由：处置单位价值（账面原值）1 500 万元以上的国有资产，应当经各部门审核同意后报财政部当地监管局审核，审核通过后由各部门报财政部审批。

4. 资料（4）中：

事项①不存在不当之处。

事项②存在不当之处。

理由：单位应当指定不办理货币资金业务的会计人员定期或不定期抽查盘点现金，核对银行存款余额，抽查银行对账单、银行日记账及银行存款余额表，核对是否账实相符、账账相符。

5. 资料（5）中：

事项①存在不当之处。

理由：原则上指标权重统一按以下方式设置：对于设置成本指标的项目，成本指标 20%、产出指标 40%、效益指标 20%、满意度指标 10%，其余 10% 的分值权重为预算执行率指标，编制预算时不设置，开展自评时使用。

事项②存在不当之处。

理由：每年 8 月，中央部门要集中对 1～7 月预算执行情况和绩效目标实现程度开展一次绩效监控汇总分析。

案例分析题九

1. 资料（1）中：

事项①不正确。

正确的处理：债券的初始确认金额为 965.54 万元，即支付的相关交易费用 5 万元应计入初始确认金额。

事项②正确。

注：企业以预期信用损失为基础，对以摊余成本计量的金融资产和以公允价值计量且其变动计入其他综合收益的金融资产等进行减值会计处理并确认损失准备。

事项③不正确。

正确的处理：如果该金融工具的信用风险自初始确认后并未显著增加，企业应当按照相当于该金融工具未来 12 个月内预期信用损失的金额计量其损失准备。

2. 资料（2）中：

事项①不正确。

理由：企业出售短期应收款项，并且全额补偿转入方可能因被转移金融资产发生的信用损失，企业保留了该金融资产所有权上几乎所有的风险和报酬，不应终止确认所出售的金融资产。

事项②不正确。

理由：不符合终止确认条件的金融资产转移，企业应当继续确认所转移金融资产整体，并将收到的对价确认为一项金融负债。

3. 甲公司对发行的股票的分类正确。

注：甲公司可以决定是否发起筹资活动或寻求 IPO，鉴于甲公司可以通过避免筹资或 IPO 来避免赎回股票，该工具应分类为权益工具。

4.（1）乙公司的安防产品生产线构成业务。

理由：该资产负债的组合具有投入、加工处理过程和产出能力，能够独立计算其成本费用以及所产生的收入等，目的在于为投资者提供股利、降低成本或带来其他经济利益。

（2）本次并购的购买方为甲公司。

理由：购买方是指在企业合并中取得对另一方或多方控制权的一方。

（3）本次并购的购买日为 2024 年 4 月 1 日。

理由：购买日是购买方获得对被购买控制权的日期，该日甲公司获得对乙公司的控制权。

（4）甲公司购买乙公司的合并成本 = 原 25% 股权的公允价值 2 500 + 新增 75% 股权发行股票对价的公允价值（750 × 10）= 2 500 + 7 500 = 10 000（万元）。

甲公司在并购中支付的税费等交易费用应计入当期损益（管理费用）。

甲公司支付与发行股票相关的证券公司佣金，应当计入权益性证券的初始确认金额［即计入资本公积（股本溢价），资本公积不足冲减，冲减留存收益］。

（5）合并财务报表中列示的商誉 = 合并成本 10 000 - 取得的被购买方可辨认净资产公允价值份额（8 670 × 100%）= 10 000 - 8 670 = 1 330（万元）。

5. 甲公司对内部交易进行抵销处理体现的是合并财务报表编制中"一体性原则"。

2024 年度高级会计资格
《高级会计实务》全真模拟试题（四）
参考答案及解析

案例分析题一

1. 董事甲的发言不正确：模糊了愿景、使命和公司战略目标。

董事乙的发言不正确：行业集中度高，竞争度应低；退出成本低，行业竞争度应低。对核心竞争力的理解不对，不符合核心竞争力特征。

2. 董事丙：合作型战略实施模式。

3. 董事丁发言不正确：公司管理基础与环境较差，应适合采用制度控制。

4. 独立董事的发言不正确：混淆了公司战略与经营战略。

案例分析题二

1. 2020 年之前采取的预算编制方式：权威式预算［或：自上而下式预算］。

2020 年采取的预算编制方式：混合式预算［或：上下结合式预算］。

2. 预算编制方法：增量预算法。

优点：编制简单，省时省力。

缺点：预算规模会逐步增大，可能会造成预算松弛及资源浪费。

3. 不恰当。

理由：年度全面预算草案经董事会审议通过后，应当报股东大会审议批准后下达执行。

4. 理由是合理的。程序不合规，预算调整的程序包括：分析、申请、审议、批准。

分为三步：第一步，执行单位逐级向预算管理委员会提出书面申请，详细说明调整理由，建议方案，调整前后预算指标的比较，调整后预算指标可能对企业预算总目标的影响。第二步，办公室审核分析报告并进行汇总编制年度预算调整方案，提交预算管理委员会。第三步，预算管理委员会审议，根据授权进行审批。或提交原审批机构审议批准，然后下达执行。

5. 结果类指标：利润总额，净资产收益率，营业现金比率，资产负债率。

选取方法：关键成果领域分析法，组织功能分解法，工作流程分解法。

案例分析题三

1. 资料（1）中的①风险管理部建议所体现的风险管理原则是全面性原则和重要性原则。

2. 资料（1）中的②战略规划部建议所采用的是压力测试风险分析技术。

企业面临的信息系统崩溃风险，从能否带来企业盈利等机会分类，属于纯粹风险。

3. 资料（1）中的③研发中心建议采取的是风险降低中的风险转换策略。

4. 资料（2）中：

第①项做法存在不当之处。

理由：对于重大业务和事项，企业应当实行集体决策审批，任何个人不得单独进行决策。

第②项做法不存在不当之处。

5. 资料（3）中：

第①项措施存在不当之处。

理由：企业应保证内部审计机构设置、人员配备和工作的独立性。

第②项措施不存在不当之处。

本处考核公司治理与风险管理、内部控制之间的关系。

案例分析题四

1. （1）从行业相关性角度，甲公司并购乙公司属于横向并购。

理由：甲公司与乙公司属于经营同类业务的企业。

（2）从被并购企业意愿角度，甲公司并购乙公司属于善意并购。

理由：并购双方经过充分沟通达成一致。

（3）从对价支付方式角度，甲公司并购乙公司属于混合支付方式并购。

理由：并购方采用股份加现金组合方式换取被并购方股权。

2. 可比公司无负债经营 β 值 = 可比公司负债经营 β 值 $\div [1 + (1 - T) \times (D/E)]$
$$= 1.40 \div [1 + (1 - 25\%) \times (50\% / 50\%)] = 0.8$$

乙公司负债经营 β 值 $= 0.8 \times [1 + (1 - 25\%) \times (60\% / 40\%)] = 1.7$

$r_e = 5\% + 1.7 \times (10\% - 5\%) = 13.5\%$

$r_d = 10\% \times (1 - 25\%) = 7.5\%$

$r_{wacc} = 13.5\% \times 40\% + 7.5\% \times 60\% = 9.9\%$

3. 乙公司 2021 年扣除非经常性损益后的税后净利润 $= 2 - 0.2 = 1.8$（亿元）

乙公司股权价值 $= 1.8 \times 15 = 27$（亿元）

4.（1）计算并购收益和并购净收益。

并购收益 $= 235 - (200 + 27) = 8$（亿元）

并购溢价 $= 30 - 27 = 3$（亿元）

并购净收益 $= 8 - 3 - 0.5 = 4.5$（亿元）

（2）判断并购是否可行。

甲公司并购乙公司后能够产生 4.5 亿元的并购净收益，从财务角度分析，此项并购交易可行。

5. 本次并购交易之前，两家公司不存在关联方关系，因此属于非同一控制下的企业合并，合并会计核算方法适用购买法。本次股权收购的支付方式，70% 部分以甲公司的增发股份支付，30% 部分以现金支付，股权支付比例低于 85% 的必要条件，因此企业所得税不符合特殊性处理申请条件，只能采用一般性处理规定。

案例分析题五

1. 最小区间为：7% ~ 10%。

内含报酬率是净现值为零时的贴现率，因此随着贴现率的提高，净现值数值逐步减小并从正到负，因此贴现率最小的区间范围就是使得净现值在正负数值之间最近两个值。

2. 不合理。

理由：中介咨询费为已发生的沉没成本，不应作为决策考虑到内容，因此本项目可行。

3. 融资战略类型：股权融资战略。

股权融资战略存在的不足：股份容易被恶意收购从而引起控制权的变更，并且股权融资方式的成本也比较高。

财务经理论述存在的问题：公司火力发电项目不符合环保标准，不满足定向增发融资的募集项目投资方向标准；定向增发对象不得超过 10 名。

4. 不合理。

理由：不应该采用公司资本成本作为贴现率，应采用项目融资成本作为贴现率。

5. 不合理。

理由：财务公司服务对象被严格限定在企业集团内部成员单位这一范围之内。

收支一体化运作模式：成员单位在外部银行和财务公司分别开立账户，集团统一核准，成员单位内部结算在财务公司内部账户进行；资金收入统一集中；资金统一支付。

6. 总经理认为公司应采用收缩型战略，进一步讲属于转向战略。

案例分析题六

1. 合理。

理由：提高零部件设计的通用性，是降低相关作业的成本方法之一。

2. 成本标杆法。通过不断与优秀企业的成本信息及结构进行对比分析，找到标杆，梳理标杆，从而达到降低成本的目的。

3. 不妥，在研发设计的各个阶段均以产品质量最优为目标不妥。

理由：在研发设计阶段，将产品质量控制在适宜水平。

4. 跨职能团队、供应链管理。

案例分析题七

1. 陈会计建议建立的财务共享服务中心属于专业财务共享服务中心。

理由：如果企业的财务共享服务中心处理的业务仅覆盖了企业集团的某类业务或某个板块的业务，这时的财务共享服务中心就是专业财务共享服务中心。

2. 张会计发言①体现的是"明确财务共享服务中心的运营模式"这一实现路径。张会计发言②体现的是"实施流程再造"这一实现路径。

3. 林会计发言体现的是业财融合的途径中的"建立高效可靠的信息系统"这一途径。

4. 郑会计发言①不存在不当之处。郑会计发言②不存在不当之处。

注：本处考核的是业绩评价层面的业财融合的内容。

5. 宋经理发言体现的是重点领域财会监督方式中的"强化财经纪律刚性约束"这一财会监督方式。

案例分析题八

1. 资料（1）中的①对永续债的分类不正确。

理由：首先，因为受市场对生产经营的影响等因素，能否有足够的资金支付到期的债务不在甲公司的控制范围内，即其无法控制是否会对债务产生违约；其次，当甲公司对债务产生违约时，其无法控制持有人大会是否会通过上述豁免的方案。而当持有人大会决定不豁免时，永续债本息就到期应付。因此，甲公司不能无条件地避免以交付现金或其他金融资产来履行一项合同义务，该永续债符合金融负债的定义，应当被分类为金融负债。

2. 资料（1）中的②对优先股的分类不正确。

理由：因转股价格是变动的，未来须交付的普通股数量是可变的。因此，将来须以企业自身权益工具结算，且该合同是一项非衍生工具，该工具使甲公司承担交付可变数量自身权益工具的义务，应将该优先股分类为金融负债。

3. 资料（2）中的①首次授予的股票数量不存在不当之处。

注：国有控股上市公司首次授权授予数量应控制在上市公司股本总额的1%以内。

4. 资料（2）中的②预留限制性股票数量存在不当之处。

理由：上市公司在推出股权激励计划时，可以设置预留权益，预留比例不得超过本次股权激励计划拟授予权益数量的20%。

5. 资料（2）中的③授予日的会计处理不正确。

正确的会计处理：对于授予后立即可行权的换取职工提供服务的权益结算的股份支付，应在授予日按照权益工具的公允价值，将取得的服务计入相关资产成本或当期费用，同时计入资本公积。

6. 资料（3）中的①，公允价值套期、现金流量套期或境外经营净投资套期同时满足下列条件的，才能运用套期会计准则规定的套期会计方法进行处理：套期关系仅由符合条件的套期工具和被套期项目组成；在套期开始时，企业正式指定了套期工具和被套期项目，并准备了关于套期关系和企业从事套期的风险管理策略和风险管理目标的书面文件；套期关系符合套期有效性要求。

7. 资料（3）中的②，套期的分类正确。

注：企业签订以浮动利率换固定利率的利率互换合约，对其承担的浮动利率债务的利率风险引起的现金流量变动风险敞口进行套期，应分类为现金流量套期。

8. （1）甲公司并购丁公司属于同一控制下的企业合并。

理由：同一控制下的企业合并，是指参与合并的企业在合并前后均受同一方或相同多方最终控制且该控制并非暂时性的。本次并购中的甲公司和丁公司，均受乙公司的最终控制。

（2）甲公司在确认合并中取得的乙公司资产、负债时，应确认乙公司资产中包含的商誉。

理由：合并方在合并中确认取得的被合并方的资产、负债仅限于被合并方账面上原已确认的资产和负债，即按原资产、负债确认；商誉作为乙公司账面资产的一部分，与其他资产一样，应予以确认。

（3）合并日长期股权投资入账价值 = 合并中取得的净资产（10 800 × 70%）= 7 560（万元）

（4）合并日甲公司增加的资本公积（股本溢价）= 合并日取得的净资产 7 560 – 支付的对价账面价值 7 000 = 560（万元）

（5）丁公司纳入合并利润表的是全年的净利润。

理由：对于同一控制下的控股合并，应视同合并后形成的报告主体自最终控制方开始实施控制时一直是一体化存续下来的，编制合并财务报表时，无论该项合并发生在报告期的任一时点，合并日合并利润表均反映的是由母子公司构成的报告主体自合并当期期初至合并日实现的损益情况，即合并日前的净利润应纳入合并范围；合并日后丁公司作为甲公司的子公司，其在 8 月 1 日后实现的净利润当然应纳入合并范围。所以，丁公司纳入合并利润表的是全年的净利润。

（6）在编制合并财务报表时，丁公司应向甲公司提供的相关资料包括：①丁公司相应期间的财务报表；②采用的与母公司不一致的会计政策及其影响金额；③与母公司不一致的会计期间的说明；④与母公司、其他子公司之间发生的所有内部交易的相关资料，包括但不限于内部购销交易、债权债务、投资及其产生的现金流量和未实现内部销售损益的期初、期末余额及变动情况等资料；⑤丁公司所有者权益变动和利润分配的有关资料；⑥编制合并财务报表所需要的其他资料。

案例分析题九

1. 资料（1）中：

事项①做法不存在不当之处。

事项②做法存在不当之处。

理由：监控内容包括绩效目标完成情况、预算资金执行情况、重点政策和重大项目绩效延伸监控。

2. 资料（2）中：

事项①存在不当之处。

理由：事业单位在确定涉诉讼资产价值时，应当对相关国有资产进行评估。

事项②存在不当之处。

理由：中央级事业单位国有资产出租、出借，资产单项或批量价值（账面原值）在 800 万元人民币以上的，经主管部门审核后报财政部审批。

3. 资料（3）中：

事项①不存在不当之处。

事项②存在不当之处。

理由：在一级项目的支出控制数规模内，部门可替换二级项目，增加的二级项目必须是已申报纳入财政部项目库，且财政部未明确不予安排的项目；单位如需对控制数中已明确的二级项目进行调整，应报财政部批准。

事项③不存在不当之处。

4. 资料（4）中：

事项①存在不当之处。

理由：业绩情况作为资格条件时，要求供应商提供的同类业务一般不超过 2 个，并明确同类业务的具体范围。

事项②存在不当之处。

理由：采购人在预算执行过程中因购买自主创新产品确需超出采购预算的，可按规定程序申请调整。

5. 甲单位内部监督的做法存在不当之处。

理由：对于设立了独立内部审计部门或者专职内审岗位的单位，应当指定内审部门或者岗位作为内部监督的实施主体。

2024 年度高级会计资格
《高级会计实务》全真模拟试题（五）
参考答案及解析

案例分析题一

1. 公司采用收缩型战略，从细分来看属于转向战略。

2. 新能源车企属于问号型企业。因为其市场占有率低，没有整车量产也就没有销量，因此未来还存在不确定性。

3. 短期看属于防御型战略，长期看属于扩张型战略。

案例分析题二

1. 确定预算目标应遵循的原则包括先进性原则、可行性原则、适应性原则、导向性原则、系统性原则。

2024 年目标利润 = 30 000 ×（1 + 10%）×［10% ×（1 + 10%）］= 363（万元）

2. 2024 年应采取的预算编制方法：滚动预算法。

优点：通过持续滚动预算编制、逐期滚动管理，实现动态反映市场、建立跨期综合平衡，从而有效指导企业营运，强化预算的决策与控制职能。

3. 遵循的预算控制原则：加强过程控制、突出管理重点。

其他的预算控制原则包括：刚性控制与柔性控制相结合、业务控制与财务控制相结合。

4. 从营业收入角度来看，A 业务的境外和 B 业务的境内都完成了预算，其他的完成情况不好。

从 EVA 的角度来看，A 业务的境内和 B 业务的境外完成的情况不理想。

主要优点：分析者可以从多个角度、多个侧面观察相关数据，从而更深入地了解数据中的信息与内涵。

5. 绩效评价财务指标的主要优点：考虑了所有资本的成本，更真实地反映了企业的价值创造能力；实现了企业利益、经营者利益和员工利益的统一，激励经营者和所有员工为企业创造更多价值；能有效遏制企业盲目扩张规模以追求利润总量和增长率的倾向，引导企业注重长期价值创造。

使用经济增加值指标进行绩效评价的效果主要包括：（1）提高企业资金的使用效率。EVA 的构成要素可以细分为资产周转率和资产报酬率等指标。（2）优化企业资本结构。EVA 指标考虑了资本成本，EVA 与资本成本的高低呈负相关关系，资本成本是企业资本结构的重要决定因素。（3）激励经营管理者，实现股东财富的保值增值，价值导向的激励体系。改善经营管理者与企业所有者之间的委托代理关系，使二者的目标趋向一致，共同致力于实现企业价值的最大化。（4）引导企业做大做强主业，优化资源配置。把不具有投资价值的项目和非核心业务及时从企业中剥离，加大极具投资价值的核心业务领域投资。通过投资项目的合理规划组合，实现整个企业资源的优化。

案例分析题三

1. 资料（1）中，目标设定环节存在不当之处。

理由：风险偏好应由董事会确定。

2. 甲公司对应收账款计提坏账准备，采用的是风险降低（风险补偿）策略。

3. 事项①不存在不当之处。

注：本处考核企业文化控制。

事项②存在不当之处。

理由：重大投资项目，应当按照规定权限和程序实行集体决策或者联签制度。

事项③存在不当之处。

理由：应对凭证进行连续编号。

4. 事项①不存在不当之处。

注：本处考核内部控制评价的概念、内部控制缺陷的分类。

事项②存在不当之处。

理由：内部控制评价报告经公司董事会批准后按要求对外披露或报送相关主管部门。

5. 资料（5）中存在不当之处。

理由：内部控制审计报告是注册会计师侧重对财务报告内部控制目标实施的审计评价，仅对财务报告内部控制的有效性发表意见。

案例分析题四

1. 财务部经理选择的融资方式属于私募股权融资，采用的退出方式是回购方式。

2. 财务副总的发言有问题。主要表现在财务公司需按照银保监会的要求开展业务，银保监会规定：资本充足率不低于10%，长期项目占资本总额比重不得高于20%，这两项关键指标都没有达到监管要求。

3. 市净率 = $4.2 \div (20 \div 4) = 0.84$

配股除权价格 = $(4 \times 4 + 3.8 \times 1) \div (4 + 1) = 3.96$（元/股）

4. 财务公司需要注意的风险包括：战略风险、信用风险、市场风险、操作风险。

公司按理论价值测算的市盈率 = 股价 $\div$ 每股收益 = $8 \div 1 = 8$。

5. 战略地图是以平衡计分卡四个层面目标为核心，通过分析四个层面目标的相互关系而绘制的企业战略因果关系图。相对于平衡计分卡，增加了两项内容，一是颗粒层，每个层面下都可以分解为很多要素；二是增加了动态层面，战略地图是动态的，可以结合战略规划过程来绘制。

案例分析题五

1. 变动成本法的缺点：一是计算的单位成本并不是完全成本，不能反映产品生产过程中发生的全部耗费；二是不能适应长期决策的需要。

2. 间接成本分配结果见下表。

作业中心	成本库（元）	动因量	分配率	甲产品（元）	乙产品（元）
材料处理	18 000	600	30	12 000	6 000
材料采购	25 000	500	50	17 500	7 500
使用机器	35 000	2 000	17.5	21 000	14 000
设备维修	22 000	1 100	20	14 000	8 000
质量控制	20 000	400	50	12 500	7 500
产品运输	16 000	80	200	10 000	6 000
合计总成本	136 000			87 000	49 000
单位成本				96.67	163.33

3. 若将上述间接成本按照机器小时数进行分配，则单位小时成本 = $136\,000 \div 2\,000 = 68$（元）。故甲产品分摊成本 = $68 \times 1\,200 = 81\,600$（元），单位产品成本 = $81\,600 \div 900 = 90.67$（元）；乙产品分摊成本 = $68 \times 800 = 54\,400$（元），单位产品成本 = $54\,400 \div 300 = 181.33$（元）。

4. 按照作业成本法，甲产品单位售价 = $(100 + 10 \times 3 + 96.67) \times 120\% = 272$（元）。

乙产品单位售价 = $(100 + 10 \times 6 + 163.33) \times 120\% = 388$（元）

按照机器小时法计算，甲产品单位售价 = $(100 + 10 \times 3 + 90.67) \times 120\% = 264.8$（元）。

乙产品单位售价 = $(100 + 10 \times 6 + 181.33) \times 120\% = 409.6$（元）

5．（1）作业成本法下间接费用分配按照成本动因分配，分配标准多元，而非仅选一种分配标准。（2）作业成本法计算的结果修正了传统成本计算对成本信息的扭曲。（3）作业成本信息可以用于定价决策，便于利用成本因素进行有效定价。

案例分析题六

1．并购动机：纵向一体化；资源互补。

2．运用可比交易分析法，计算过程如下：

①计算可比交易的 EV/EBIT 和 P/BV 平均值：

EV/EBIT 的平均值 = （10.47 + 9.04 + 12.56 + 7.44 + 15.49）÷ 5 = 11 （倍）

P/BV 的平均值 = （1.81 + 2.01 + 1.53 + 3.26 + 6.39）÷ 5 = 3 （倍）

②计算乙公司股权价值：

乙公司息税前利润 EBIT = 6.5 + 0.5 = 7 （亿元）

按可比交易 EV/EBIT 平均值计算，乙公司整体价值（含有息债务）= 7 × 11 = 77 （亿元）。

乙公司股权价值 = 77 − 10 = 67 （亿元）

按可比交易 P/BV 平均值计算，乙公司股权价值 = 21 × 3 = 63 （亿元）

乙公司加权平均评估价值 = 67 × 60% + 63 × 40% = 40.2 + 25.2 = 65.4 （亿元）

3．对甲公司而言，并购对价合理。理由：乙公司的股权收购对价为 65 亿元，低于乙公司股权评估价值 65.4 亿元，属于折价收购。此外，并购收益还未考虑可能存在的并购协同价值。

4．融资方式选择：应选择权益融资。理由：由于甲公司并购前的资产负债率已高达 80%，根据银行贷款利率的风险导向定价政策，债务融资成本大幅提升，权益融资资本成本相对更低；采用银行贷款将会进一步提高甲公司的资产负债率，从而加大财务风险。

5．本次交易之前两家公司不存在关联方关系，因此本次并购属于非同一控制下的企业合并，会计核算方法适用购买法，采用公允价值计量，合并差额需要确认商誉。

商誉 = 合并成本 − 取得的可辨认净资产公允价值 = 65 − 25 = 40 （亿元）

案例分析题七

1．甲公司作为大型跨国企业集团，企业规模越来越大，覆盖的地理范围越来越广，管理层级越来越多，在财务管理上带来了如下挑战：会计处理效率低下、会计信息的可靠性不如人意、会计处理成本居高不下、企业集团管控力度降低等。

国务院国资委在 2022 年颁发的《关于中央企业加快建设世界一流财务管理体系的指导意见》中指出：积极探索依托财务共享实现财务数字化转型的有效路径，推进共享模式、流程和技术创新，从核算共享向多领域共享延伸，从账务集中处理中心向企业数据中心演进，不断提高共享效率、拓展共享边界。

2. 甲公司财务共享服务的实现路径不存在不当之处。

3. 甲公司财务共享服务中心按照覆盖范围划分，属于全范围财务共享服务中心；按照运作模式划分，属于利润中心模式。

4. 事项①存在不当之处。

理由：企业的费用报销业务具有数量庞大、程序烦琐、重复率高、金额小、单据格式不一致等特点。

事项②不存在不当之处。

注：本处考核费用报销流程。

5. 事项①体现的是业财融合的"业财融合能够破除部门间的壁垒，使业财形成合力"这一重要意义。

事项②体现的是业财融合内容中的"业务运行和控制层面的业财融合"这一业财融合的内容。

6. 事项①不恰当。

理由：财会监督是对财政财务活动和会计工作最直接的监督。

事项②恰当。

注：本处考核财会监督的工作要求。

案例分析题八

1. 甲公司计提减值的会计处理不正确。

理由：如果该金融工具的信用风险自初始确认后并未显著增加，企业应当按照相当于该金融工具未来 12 个月内预期信用损失的金额计量其损失准备。

2. 甲公司将债券公允价值变动（浮盈）计入其他综合收益，并在处置时将其他综合收益转入当期损益正确。

3. ①甲公司对未来购入原材料的预期交易采用买入套期保值正确。

②将该套期归类为公允价值套期不正确。

理由：现金流量套期是指对现金流量变动风险进行的套期，该现金流量变动源于与已确认资产或负债，极可能发生的预期交易，或与上述项目组成部分有关的特定风险，且将影响企业的损益。企业对极可能发生的预期交易，应分类为现金流量套期。

4. 计入成本费用的金额取决于资产负债表日的股票价格不正确。

理由：对于以现金结算的股份支付，企业应当在等待期内的每个资产负债表日，以对可行权情况的最佳估计为基础，按照企业承担负债的公允价值，将当前取得的服务计入相关资产成本或当期费用。

5. （1）甲公司投资于乙公司属于企业合并。

理由：企业合并是将两个或两个以上单独的企业合并形成一个报告主体的交易或事项。交易是否构成企业合并，应关注两个方面：一是被收购方是否构成业务；二是交易发生前后是否涉及对标的的业务控制权的转移。本处乙公司为生产企业，构成业务；甲公司第二次投资后取得对乙公司控制权。所以，该交易属于企业合并。

购买日为 2024 年 1 月 1 日。

（2）甲公司对乙公司的土地使用权应该采用 3 800 万元合并。

理由：该合并属于非同一控制下企业合并，合并中取得的被购买方的资产、负债应当按公允价值计量。

（3）合并成本 = 原持有 26% 股权的公允价值 3 900 + 新增 30% 股权的公允价值 4 800 = 8 700（万元）。

（4）计算甲公司并购乙公司在合并财务报表中列示的商誉的金额。

商誉 = 合并成本 8700 – 购买日被购买方可辨认净资产公允价值份额（15 000 × 56%）= 8 700 – 8 400 = 300（万元）。

6.（1）戊企业属于投资性主体。

理由：①戊有限合伙企业的资金主要由有限合伙人提供，并向有限合伙人提供投资管理服务；②戊有限合伙企业的唯一活动是向经营公司进行权益性投资以实现资本增值，戊有限合伙企业有明确的退出战略；③戊有限合伙企业以公允价值计量和评价其投资项目，并向其投资者提供这些信息。

（2）甲公司应将戊企业纳入合并范围。

理由：甲公司取得了对戊有限合伙人的控制权：①甲公司拥有对戊企业的权力能够主导戊企业的重大经营决策。②甲公司因参与被投资方的相关活动而享有可变回报；③甲公司有能力运用对被投资方的权力影响其回报金额。

案例分析题九

1. 甲单位的处理正确。

注：本处考核基本支出预算的编制。

2. 甲单位的处理不正确。

理由：基本建设项目的结余资金，由财政部收回，单位不得自行安排使用。

3. 甲单位的处理不正确。

理由：履约保证金的数额不得超过政府采购合同金额的 10%，该笔保证金为合同金额的 15%（300 ÷ 2 000），超过了规定比例。

4. 事项①的处理不正确。

理由：中央级事业单位一次性处置单位价值在 1 500 万元以上的国有资产，应当经主管部门审核同意后报财政部当地监管局审核，审核通过后由主管部门报财政部审批。

事项②正确。

注：中央级事业单位国有资产转让，以财政部、主管部门核准或备案的资产评估报告所确认的评估价值作为确定底价的参考依据。

事项③不正确。

理由：意向交易价格低于评估结果90%的，应当报资产评估报告核准或者备案部门重新确认后交易，本次意向成交金额已低于评估价值的90%（2 500/3 000 = 83%），应重新确认。

5. 乙单位的处理正确。

注：利用货币资金对外投资形成股权处置收入纳入单位预算，统一核算，统一管理。

6. 乙单位的处理正确。

注：本处考核绩效管理中的绩效目标设定。

7. 乙单位处理不正确。

理由：行政事业单位应当在做好财务管理、会计核算的基础上，全面盘点资产情况，完善资产卡片数据，编制资产报告，并按照财务隶属关系逐级上报。

8. 事项①的做法正确。

注：采购人采购服务项目、技术复杂，不能确定详细规格或具体要求，可以采用竞争性磋商方式。

事项②的做法不正确。

理由：从竞争性磋商文件发出之日起至供应商提交首次响应文件截止之日止不得少于10日。

事项③的做法不正确。

理由：磋商小组应当根据综合评分情况，按照评审得分由高到低的顺序推荐3名以上成交候选供应商。

9. 乙单位的处理中，支出功能分类不正确，支出经济分类正确。

理由：按支出功能分类，应列入"科学技术支出"。

2024 年度高级会计资格
《高级会计实务》全真模拟试题（六）
参考答案及解析

案例分析题一

1. 公司外部机遇很好，市场需求旺盛，内部资源优势明显，专利技术优势使得公司处于行业内领先，因此，公司应采用扩展战略。

2. 公司目前的扩张战略要求财务投资规模和融资量都很大，从公司目前的融资方式来看，债务融资过高，财务风险较大；同时股利支付较多，不符合公司目前成长性阶段的要求。因此，公司要采用扩张型的财务战略来支持公司战略实施；但同时要注意财务风险，融资时需要控制债务规模，同时削减股利，增加内部资金来源；公司也可以考虑通过股权融资来解决资金困境和负债率较高的现状。

3. B 公司采用的是成本领先竞争战略。B 公司的战略实施模式为文化型。

4. C 公司选择了成长型战略，分别采用了密集型战略中的产品开发战略以及一体化战略来实施成长战略。

案例分析题二

1. 各项指标完成情况总体上不佳。

2. 存在以下问题：（1）经济运行态势出现不好苗头。（2）增收不增利。营业预算执行率尚可，但是成本预算执行率超进度，利润指标未完成预算进度。（3）成本和利润总额增长幅度超过营业收入增长幅度，利润增长幅度虽比上年增长，但不及行业标杆水平。

建议：保持收入增长，向标杆企业看齐；控制成本费用，提升利润水平。

3. 税后净营业利润 $= 4\,500 + (1\,200 + 6\,500) \times (1 - 25\%) = 10\,275$（万元）

平均资本占用 $= 65\,000 - 3\,500 = 61\,500$（万元）

经济增加值 $= 10\,275 - 61\,500 \times 10\% = 4\,125$（万元）

优点：考虑了所有资本的成本，更真实地反映了企业的价值创造能力；实现了企业利益、经营者利益和员工利益的统一，激励经营者和所有员工为企业创造更多价值；能有效遏制企业盲目扩张规模以追求利润总量和增长率的倾向，引导企业注重长期价值创造。

案例分析题三

1. 事项①甲公司风险管理目标不存在不当之处。

2. 风险识别的应用技术包括调查问卷、风险组合清单、职能部门风险汇总、SWOT分析、高级研讨会及头脑风暴、损失事件数据追踪、内部审计、流程图、内部风险管理会议、每月管理和分析报告、金融市场活动的实时反馈、主要的外部指数和内部指数、政策变化追踪及相关性分析、决策树分析、事件树分析等。

3. 按照风险的来源和范围分类，汇率变动风险属于外部风险。

4. 甲公司对外汇风险进行套期保值，采取的是风险分担（风险对冲）的应对策略。

5. 事项①不存在不当之处。

注：本处考核公司治理的核心问题。

事项②存在不当之处。

理由：对于新建工程项目，企业应按规定程序授权批准。对于重大的工程项目，应当报董事会或股东大会审议批准。

6. 资料（3）存在不当之处。

理由：内部控制评价报告经企业董事会批准后按要求对外披露。

7. 事项①不存在不当之处。

本处考核内部控制审计基准日。

事项②存在不当之处。

理由：在内部控制审计过程中，注册会计师可以根据实际情况对企业内部控制评价工作进行评估，判断是否利用企业内部审计人员、内部控制评价人员和其他人员的工作以及可利用程度，从而相应减轻本应由注册会计师执行的工作；但不能减轻注册会计师的责任。

案例分析题四

1. 不合理。

境外直接投资项目要注意评价主体问题。由于分属两个国家，境外投资项目必须考虑对母公司其他业务以及外汇管制和税收制度的影响。如果以母公司作为评价主体，所采用的现金流量必须是汇回母公司的现金流量。

A公司财务部是按照当地现金流测算，因此结果并不能保证能为A公司股东创造价值。

2. 境外直接投资风险主要包括：政治风险、经济风险、经营风险和外汇风险等。

针对董事会要求，A 公司财务部应充分分析东道国经营环境，预计可能面临的问题，编制风险管理计划。当投资完成风险评估和预测后，可根据结论采取回避、保险、特许协定、调整投资策略等措施进行应对。

当完成境外投资，公司对境外国家风险防范和抵御能力大大下降，为减少损失，投资者可以采取有机会撤资、短期利润最大化、发展当地利益相关者、适应性调整、寻求法律保护等措施进行风险控制。

3. B 公司董事会根据财务的测算结果，不能简单给出结论。

因为投资决策中不能直接使用公司综合平均资本成本，而是采用特定项目的风险贴现率。按照要求，X 项目现金流应该按照 8% 贴现；Y 项目现金流应该按照 15% 贴现。

因此，X 和 Y 项目不应按照 10% 贴现率贴现，因此即使计算出了 NPV，也不能用于决策。

4. C 公司财务总监的判断正确，首先需要计算该公司可持续增长率。

可持续增长率 $= 0.6 \times 10\% \times 2 \times 0.5 \div (1 - 0.6 \times 10\% \times 2 \times 0.5) = 0.06 \div 0.94 = 6.38\%$。可持续增长率＜公司 2024 年计划销售增长率 10%，公司资金存在短缺。

5. 根据增长管理框架，公司实际增长率高于可持续增长率，公司应采用发售新股、增加借款提高杠杆率、削减股利、剥离无效资产、供货渠道选择、提高产品定价等策略解决融资缺口问题。

案例分析题五

1. 目标成本法。企业实施目标成本管理时大体遵循以下六项基本原则：（1）价格引导的成本管理；（2）关注顾客；（3）关注产品与流程设计；（4）跨职能合作；（5）生命周期成本削减；（6）价值链参与。

2. （1）目标成本 $= 6 \times (1 - 20\%) = 4.8$（万元）。（2）成本降低目标 $= 5.5 - 4.8 = 0.7$（万元）。

3. 成本管理理念：从静态成本管理向动态成本管理转变；从制造成本向全周期成本转变。

4. 预防成本，内部实效成本，外部实效成本。

案例分析题六

1. 并购类型：纵向并购（或：后向一体化）。

2. 2023 年度乙公司税后净营业利润 $= 2.8 \times (1 - 25\%) = 2.1$（亿元）

乙公司有息债务总额 $=$ 净资产账面价值 $\times$ 有息债务权益比率 $= 10 \times 0.4 = 4$（亿元）

乙公司资本占用总额（或投资资本）$= 10 + 4 = 14$（亿元）

2023年度乙公司经济增加值 = 2.1 − 14 × 10% = 0.7（亿元）

2024年度乙公司经济增加值 = 0.7 × (1 + 50%) = 1.05（亿元）

2023年底，乙公司未来经济增加值的折现值 = 1.05/15% = 7（亿元）

2023年底，乙公司股权价值 = 净资产账面价值 + 经济增加值的折现值 = 10 + 7 = 17（亿元）

（计算说明：如果公司未来经济增加值为零，即不产生超额利润，则权益价值等于净资产账面价值。所以，权益价值可以分解为净资产账面价值，以及未来超额利润的资本化价值。未来经济增加值的资本化计算采用永续增长模型，其中：增长率为零，折现率为股权资本成本率15%。）

3. 本次交易之前，两家公司不存在关联方关系，因此本次交易属于非同一控制下的企业合并，会计核算适用购买法，采用公允价值计量，合并差额确认商誉。

商誉 = 合并成本 − 取得的可辨认净资产 = 20 − 15 = 5（亿元）

由于是控股合并，商誉列报反映在甲公司编制的合并资产负债表中。

4. 并购收益 = 160 − (132 + 17) = 11（亿元）

并购溢价 = 20 − 17 = 3（亿元）

并购净收益 = 11 − 3 − 0.5 = 7.5（亿元）

甲公司并购乙公司后能产生7.5亿元的并购净收益，从财务角度分析，此项并购交易是可行的。

5. 甲公司对乙公司主要进行了以下类型的整合：人力资源整合、管理整合和财务整合。

案例分析题七

1. 董事长的发言存在不当之处。

理由：从战略定位来讲，常见的财务共享服务建设目标包括：提高业务处理效率，降低成本，加强管控，推进数字化转型等，企业可以根据自身的情况选择确定。

2. 事项①总经理建议的财务共享服务中心按覆盖范围，属于"区域财务共享服务"。

事项②总经理建议的财务共享服务中心按运营模式，在初创期属于"成本中心模式"；在成熟期属于"利润中心模式"。

3. 事项①体现的是"业务规则明确且流程固定的业务"这一业务场景。

事项②体现的是"人工处理易错的业务"这一业务场景。

4. 财务总监发言中事项①体现的是"业财融合能够帮助财会人员更好地实现会计的目标"这一重要意义。

财务总监发言中事项②体现的是"推动创新和变革"这一业财融合具体目标。

5. 事项①不恰当。

理由：单位内部财会监督是以单位主要负责人作为本单位财会监督工作的第一责任人，对本单位财会工作和财会资料的真实性、完整性负责。

事项②恰当。

注：本处考核财会监督机制中的财会监督与其他各类监督贯通协调。

案例分析题八

1. 建议①存在不当之处。

理由：中央部门应当严格执行批准的基本支出预算。执行中发生的非财政补助收入超收部分，原则上不再安排当年的基本支出，可报财政部批准后，安排项目支出或结转下年使用。

建议②存在不当之处。

理由：年度预算执行结束后，中央部门应在 45 天内完成对结余资金的清理上报财政部。

2. 建议①存在不当之处。

理由：对于供应商法人代表已经出具委托书的，不得要求供应商法人代表亲自领购采购文件或者到场参加开标、谈判等。

建议②存在不当之处。

理由：对于满足合同约定支付条件的，采购人应当自收到发票后 30 日内将资金支付到合同约定的供应商账户。

3. 建议①不存在不当之处。

建议②不存在不当之处。

建议③存在不当之处。

理由：中央级事业单位国有资产处置收入，在扣除相关税金、资产评估费、拍卖佣金等费用后，按照政府非税收入管理和国库集中收缴管理规定上缴中央国库。

4. 事项①不存在不当之处。

事项②不存在不当之处。

事项③存在不当之处。

理由：中央部门所属单位整体支出绩效目标和二级项目绩效目标，由中央部门或所属单位按预算管理级次批复。

5. 甲单位的做法不妥当。

理由：有政府非税收入收缴职能的单位，应当按照规定项目和标准征收政府非税收入，按照规定开具财政票据，做到收缴分离、票款一致，并及时、足额上缴国库或财政专户。

案例分析题九

1. 不正确。

正确的会计处理：以公允价值计量且其变动计入当期损益的金融资产不计提减值，

而是在期末按公允价值计量，且将其变动计入当期损益（公允价值变动损益）。

2. 不正确。

正确的会计处理：附回购协议的金融资产出售，回购价为回购日该金融资产公允价值，表明企业已将金融资产所有权上几乎所有的风险报酬转移给转入方，应终止确认金融资产，将收到的对价与金融资产账面价值的差额计入当期损益。

3. 不正确。

正确的分类：甲公司承担了支付现金的合同义务，应将发行的股票分类为金融负债。

4. 事项①的会计处理正确。

注：对确定承诺的外汇风险进行的套期，企业可以作为公允价值套期或现金流量套期处理。

事项②的会计处理不正确。

正确会计处理：该远期外汇合同产生的利得或损失中属于套期有效的部分，作为现金流量套期储备，计入其他综合收益；属于套期无效的部分计入当期损益。

事项③的会计处理不正确。

正确会计处理：甲公司应在购入原材料时，将原在其他综合收益中确认的现金流量套期储备金额转出，计入原材料成本中。购入原材料的人民币成本为购入原材料约定的美元合同价款与当日即期汇率的乘积，与转入的其他综合收益的金额之和。

5. （1）甲公司于 2023 年 2 月 10 日购入的乙公司股票应分类为"以公允价值计量且其变动计入其他综合收益的金融资产"。

理由：股票不符合本金加利息的合同现金流量特征，甲公司管理该项金融资产的业务模式为长期持有，获取稳定的分红，应作为非交易性权益工具投资指定为以公允价值计量且其变动计入其他综合收益的金融资产。

该金融资产的初始入账金额 = 买价（2 000 万股 × 6.8 元/股）+ 相关税费 40
$$= 13\,600 + 40 = 13\,640（万元）$$

（2）甲公司持有乙公司股票在 2023 年 12 月 31 日公允价值变动的金额 = 2 000 万股 × 8 元/股 – 13 640 万元 = 16 000 – 13 640 = 2 360（万元）

甲公司应将公允价值变动 2 360 万元计入其他综合收益。

（3）甲公司并购乙公司的合并日为 2024 年 1 月 31 日。

甲公司在合并中取得的乙公司净资产的入账价值（即长期股权投资入账价值）= 取得乙公司净资产账面价值份额（38 亿元 × 44%）= 167 200（万元）

（4）甲公司在合并中取得的乙公司净资产的入账价值与为进行企业合并支付的对价账面价值之间的差额 = 取得的乙公司净资产的入账价值 167 200 – 为进行企业合并支付的对价账面价值（原持有股权账面价值 2 000 × 8.5 + 新增投资成本账面价值 20 000 × 8.5）= 167 200 – （17 000 + 170 000）= 167 200 – 187 000 = – 19 800（万元）

该差额应当调整所有者权益，首先调整资本公积（股本溢价），资本公积（股本溢价）的余额不足冲减的，应冲减留存收益。

注：合并日甲公司的账务处理（单位：万元）：

借：长期股权投资——乙公司（38 亿元×44%）　　　　　　　167 200

　　资本公积——股本溢价　　　　　　（假设股本溢价够冲）19 800

　　　贷：其他权益工具投资　　　　　　　　　　　　　　　　17 000

　　　　　银行存款　　　　　　　　　　　　　　　　　　　170 000

借：管理费用　　　　　　　　　　　　　　　　　　　　　　　400

　　贷：银行存款　　　　　　　　　　　　　　　　　　　　　　400

（5）2024 年 12 月 31 日甲公司在编制合并利润表时，应将 1 月 20 日的交易进行抵销处理。

注：因为甲公司应将乙公司在合并日前（1 月 1 日~1 月 31 日）的收入、费用、利润纳入合并范围，1 月 20 日的交易属于内部交易。

在编制合并资产负债表时，应当对合并资产负债表的期初数进行调整。

6. 事项①不正确。

理由：甲公司对 G 公司仍然具有控制权，应予合并。

事项②正确。

理由：Z 公司已停产，在年末前已进入清算程序，甲公司不能对其在进行控制，因此不应纳入合并范围。